習慣化 如何左右人生

Tali Sharot
Cass R. Sunstein

LOOK AGAIN

THE POWER OF NOTICING WHAT WAS ALWAYS THERE

我們為什麼對好事麻木、對壞事容忍？

／塔莉・沙羅特 凱斯・桑思坦／著

／莊安祺／譯

獻給

Livia、Leo、Ellyn、Declan和Rían

成百上千種不自然或令人厭惡的事物，在我眼中很快就變得自然而平常。我想世上一切事物的色彩，都是取自於我們周遭環境的基本色調。

——H·G·威爾斯（H. G. Wells），《莫羅博士島》

佳評如潮

隨著時間推移，我們對周遭的事物習以為常。

不僅停止注意生活中最美妙的事物，也忽略了可怕的事物；我們不在意自己的不當行為，對不平等視而不見，也比以往更加容易相信錯誤訊息。是什麼導致我們變成了這樣？

兩位作者將神經科學與行為心理學的深刻見解，巧妙地融入到容易理解和實踐的建議中，讓我們有機會重新審視日常生活裡的習以為常，也提供一個重新發現生活喜悅的方式：藉由改變環境、規則和人際互動，得以打破習慣的枷鎖，重新燃起對周遭世界的好奇心。

這本書的特別之處，在於跨學科視角和厚實的科學基礎，不僅挑戰既有的思維模式，更啟發我們採取行動。如果你也渴望在忙碌生活中找到意義，願意透過小小的改變來獲得大幅提升，這本書絕對適合你閱讀。

學習珍惜眼前事物，在平凡中尋找非凡。

——劉奕酉，鉑澈行銷顧問策略長

為什麼我們對好事麻木，對壞事容忍？你一定會先否定，但現實是我們會在心中罵咧咧接著視而不見。

對好事麻木就如同第一次拿到高分後，又接連幾次高分就會覺得這也沒什麼。或是愛情關係中，終於告白成功，但交往一陣子後便忘了當初努力追求的熱情。

對壞事容忍就如同明知錯誤的關係，卻忍讓著對方，並相信有一天對方會改變。也包括工作條件與薪資明明不合理，卻認為是自己的價值不夠，很難找到下一份工作。

讓我們有這些現象的關鍵，這本書告訴我們一種重要的答案，那就是「習慣化」！

我們都需要歸屬感與被肯定，也同時被過往的創傷與錯誤的觀點誤導，因此有了錯誤的習慣化發展，因此這本書是一個覺察的機會，幫助我們破除錯誤的習慣化循環。

——鄭俊德，閱讀人社群主編

從達文西到愛因斯坦，歷史上最具創意思想家的一個共同特點是，他們能夠重新審視並驚嘆大多數人已經不再注意的日常事物：迷人的穹蒼、時光的流轉、光線在樹葉上產生光點的方式。本書幫助我們所有人以全新的方式看待周遭的事物。這是一本聰明而有趣的讀物，也是能讓你的生活煥發活力的寶貴方式。

——華特．艾薩克森（Walter Isaacson），
《紐約時報》暢銷書《賈伯斯傳》（*Steve Jobs*）作者

讓心理上擁有更豐富生活的精彩指南。

——安琪拉．達克沃斯（Angela Duckworth），
《紐約時報》暢銷書《恆毅力》（*Grit*）作者

適時且重要。這是一本清晰而深具啟發性的書，講述了期望的力量和人類心靈的無盡奧祕。

——泰拉．維斯托（Tara Westover），
《紐約時報》冠軍暢銷書《垃圾場長大的自學人生》（*Educated*）作者

本書是協助你更新觀點的好書。沙羅特和桑思坦揭示了為什麼人們很容易對任何事物感到自滿，以及如何防止自己落入這個陷阱。此外，本書還會幫助你過更好的生活：更快樂、更健康、更明智、更公正的生活。

——凱蒂．米爾克曼（Katy Milkman），
暢銷書《零阻力改變》（*How to Change*）作者

在本書中，沙羅特和桑思坦對習慣化的科學做了深入的探討，對我們習慣事物的原因和方式提出新見解，教我們如何打破習慣化，為生活帶來更多樂趣。本書出人意表且趣味橫生。

——安妮．杜克（Annie Duke），
暢銷書《高勝算決策》（*Thinking in Bets*）作者

這是一本生動、人性化和具原創性的書，是從激發你的創造力到促進你的愛情生活等一切的完美指南。

——提姆．哈福特（Tim Harford），
《臥底經濟學家的10堂數據偵探課》（*How To Make The World Add Up*）作者

本書是別具意義的指南，它說明了我們受到偏見左右的心智如何以及為什麼會習慣事物，以及我們要如何克服。對於任何追求更快樂、更專注、更健康、更有效決策的人而言，本書值得一讀再讀。

——勞麗·桑托斯（Laurie Santos），耶魯大學珊德莉卡和朗詹·坦登（Chandrika and Ranjan Tandon）講座心理學教授，幸福實驗室（The Happiness Lab）播客主持人

意義深遠……作者是引人入勝的嚮導，引領我們進入他們的領域。

——《金融時報》（*Financial Times*）

匯集了大量精彩的例子……沙羅特和桑思坦對一種既複雜又常見的現象做了深入研究，深具啟發性。

——《出版人周刊》（*Publishers Weekly*），星級書評

沙羅特和桑思坦以智慧和幽默，為如何振奮精神、重新看待世界提供了指引。如果你的世界開始顯得灰暗而沉悶，這本書可能是你走出舒適區的路線圖。

——《科克斯書評》（*Kirkus Reviews*）

本書在心理學、神經科學和經濟學交會的領域是珍貴的文獻補充，使一般讀者也能夠對它們有所了解。

——書評網站 Shelf Awareness

目次

contents

PART 2 思考與信念

PART 3 健康與安全

PART 4 社會

我們怎麼會時時刻刻都在對所有事物習慣成自然？

「習慣化。它可能和DNA一樣，是生命的基本特質。」

——文森特・加斯頓・戴希爾[1]（Vincent Gaston Dethier），美國生理學家

你一生中最美好的日子是哪一天？你可能會覺得很難選出最好的一天。沒關係；只要選擇非常好的一天就可以了。

有些人選擇了他們婚禮那天，也有些人選擇孩子誕生或畢業的日子，還有一些人給了與眾不同的答案：「我和我的拉布拉多犬在屋頂上跳霹靂舞的那天」，或者「我發表有關演講恐懼的演說那天」。只要是美好的一天，就符合資格。

想像你重過一次那一天。太陽出來了；天空蔚藍；你穿著黃色的泳衣在海灘上奔

跑。或許天空陰暗；正在飄雪；你的紅鼻子和新情人的鼻子廝磨取暖。不論是什麼——都是歡樂的。現在想像你重過那一天。再一次，然後再一次，然後再一次，然後再一次。你陷入「我生命中最美好一天」的循環，結果如何？

結果，你生命中最美好的一天將會變得不那麼教人激動、不那麼歡樂、不那麼有趣、也不那麼有意義。很快地，你生命中最美好的一天就會變得乏味。陽光不再那麼溫暖，雪花不再那麼神奇，你的戀人不再那麼完美，你的成就不再那麼偉大，你的導師也不再那麼明智。

在週一教你興奮的事物，到週五就會變得無聊。我們**習慣化**（habituate）了，這代表我們對重複刺激的反應愈來愈少。[2]這是人性。即使是曾經讓你欣喜若狂的事物（一段關係、一份工作、一首歌曲、一件藝術品），在經過一段時間後，就會失去它的光彩。研究顯示，人們甚至在抵達目的地後四十三小時內，就會開始對熱帶假期的魔力習慣化。[3]

但是，對於你不再感覺或注意到的事物，如果你能夠恢復驚奇感呢？如果你可以在某種程度上**去習慣化**（dishabituate）呢？

這就是本書的主題。我們要問，如果人們能夠克服在辦公室、臥室，或運動場上的習慣，會有什麼結果。這對快樂、人際關係、工作、社區會產生什麼影響？我們會看到暫時改變你的環境、改變規則、改變與你互動的人，以及暫時擺脫日常生活、實際或在想像中短暫地休息，將如何幫助你恢復敏感度，開始注意你幾乎沒看到的事物。

我們不會只專注在你如何對最好的事物去習慣化——比如很棒的工作、家庭、鄰居，或人際關係；我們也會探討如何讓你對壞事去習慣化。你可能會覺得這是可怕的念頭：爲什麼你會想要再體驗一次可怕的事物，像當初第一次經歷它一樣？如果我們讓你一遍、一遍又一遍地經歷這輩子最糟糕的一天，你必然會希望自己有一個習慣化的大腦，你會希望傷心或痛苦隨著時間的進展而減弱，那將是一件好事。

有道理，但問題就在這裡。當我們習慣了壞的事物時，就比較缺乏改變它的動力。週二讓你輾轉難眠的噩夢到週日已經能讓你鼾聲大作，這個現象成了與愚蠢、殘忍、折磨、浪費、腐敗、歧視、假消息和暴政對抗的嚴峻挑戰。對壞的事物習慣化，可能會導致我們在財務上魯莽地冒險，未能注意到原本我們應該關心的孩子行爲逐漸改變，讓我們感情關係中的微小裂縫變得愈來愈大，以及不再在乎工作上的愚昧或低效率。

因此我們將會探討在你不僅習慣了好的事物，而且習慣了壞的事物時，會發生什麼後果，以及如何去習慣化。我們會前往瑞典，在那裡，改變人們靠路的哪一側行駛，讓交通意外的發生率暫時減少了約四〇％，部分原因是風險的去習慣化。[4]我們將會看到潔淨空氣室如何讓人們注意（並因此關心）污染，站在他人的立場如何幫助我們擺脫歧視的習慣，[5]以及遠離社交媒體如何幫助你再度正面看待你的人生。[6]我們將研究如何重新審視事物，或者由側面來看待事物可以產生的驚人創新。

但在我們深入探討這一切之前，讓我們先思考一下**為什麼**我們總是這麼快就習慣了一切。（幾乎對所有的事情，幾乎隨時隨地。之後我們會談到這一點。）我們會思考爲什麼我們演化出有欲望的大腦（渴望豪華汽車、豪宅、相愛的另一半、高薪的工作），但當我們終於得到心所嚮往的事物時，卻很快就對它們視而不見。我們會自問，爲什麼儘管我們是精明複雜的生物，卻還是相當快就接受了變成常態的可怕事物，例如殘忍、腐敗和歧視。要解開這些謎題，我們將用心理學、神經科學、經濟學和哲學的觀念和成果——有些來自我們自己的研究，有些則來自其他人的研究。

爲什麼我們很快就會習慣化？並不是因爲我們是軟弱、忘恩負義，或不知所措的生物，看不出威脅或奇蹟。答案與我們這種生著兩條腿、大腦袋的生物，與地球上所有其他動物，包括猿、狗、鳥、青蛙、魚、老鼠，甚至細菌，所共有的一個基本特徵有關。

它如何開始，又去向何方

三十多億年前，你的祖先在地球上出現，[7]但如果你看到它們，並不會知道它們是你的祖先。你們的相似之處並不明顯。它們體型較小，文化程度也較低。幸好它們複雜的程度還足以在惡劣的條件下生存。它們沒有腿，但可以游泳和向前翻滾，尋找營養豐富的環境。然而，即使這些原始的動作也展現出習慣化的特徵：在環境中的營養狀況保持恆定時，你的祖先就會以類似自動駕駛的恆定速度翻滾。唯有在營養狀況發生變化時，它們的運動頻率才會改變。[8]

這些早期的生物是誰？它們是單細胞細菌。一如其名，它們僅僅是由一個細胞所構成。相較之下，你體內有三七．二兆個細胞，[9]這些細胞相互作用，使你不僅能夠游泳和翻滾，還能跑、跳、歡笑、歌唱和喊叫。但即使是單一的細胞，它的行爲也可以透過抑制自身的反應來習慣化。

單細胞生物在地球上出現許多年後，簡單的多細胞生物出現了。這些生物體具有可以互相「交談」的神經元。它們「交談」的可能性會隨著時間的進展而改變。一個神經元把初始訊號發送給另一個神經元——比如感覺神經元把有關臭味的訊息傳遞給運動神經元，在那之後，即使氣味依舊存在，感覺神經元通常都會降低發送訊號的頻率，[10]因而使得行爲反應（例如遠離那種氣味）減少。

這些過程也發生在人腦中。這就是爲什麼你在充滿煙霧的房間逗留幾分鐘後，可能就不會再注意到香菸的氣味。你也可能會因此驚訝地發現，原本教你非常惱怒的背景噪音，你卻漸漸地習慣了。

爲了證明這個基本原理，讓我們回到一八〇四年的奧地利維也納。二十四歲的瑞士醫生伊格納茲．保羅．維塔爾．特羅克斯勒（Ignaz Paul Vital Troxler）在研究視覺時有了驚人的發現。[11]他注意到：如果他讓眼睛近距離地長時間盯著一個圖像，圖像似乎就會消失。各位不妨自己嘗試一下。找到本書書封折口上的彩色長方形圖像（一張中心有一個黑色十字架的圖形），把目光聚焦在黑色十字架上約三十秒，不要移動視線。圖中的彩雲很快就會消失，化爲灰色的虛無。會發生這種情況，是因爲你的大腦對不變的事物停止反應。* 一旦你移動視線，就會立即恢復對顏色的知覺，讓你再度看見這些事物。移動你的視線，你就改變了大腦接收到的輸入資料。當然，你的大腦不再注意到的不僅僅是持續不斷的彩雲，長久下來，你不再感覺到穿在腳上的襪子，也不再聽到冷氣機持續發出的嗡嗡聲。[12]（也許你現在就沒注意到背景噪音？）

你也會習慣更複雜的環境（例如財富、貧窮、權力、風險、婚姻和歧視），這種習慣是來自於不同神經元之間的主動**抑制**。[13]例如，假設你的鄰居惠勒女士新養了一隻名叫芬利的德國狼犬，非常愛叫。一開始，狗叫聲教你大感意外；你會注意到牠的每一聲吠叫。但過了一陣子，你的大腦就會創造出這個情境的「模型」（即內在表徵，「每當我經過惠勒女士家，芬利就會吠叫」），[14]你料到狗會叫。當你再度經歷這個情境（「芬利吠叫」）時，你的大腦會把這種經歷與模型進行比較（「每當我經過惠勒女士家時，

* 在本例中，你眼睛的感光細胞對圖片也可能不再起反應。

芬利就會吠叫」）。如果你的體驗與這個模型相符合，你的（神經、情緒、行爲）反應就會受到抑制。

隨著芬利吠叫的體驗愈來愈多，你的內在模型會變得愈來愈精確，並且會更符合聽到芬利吠叫的實際體驗。兩者愈符合，你的反應就愈會受到抑制。但如果兩者的搭配狀況不是每次都相同（例如，狗的叫聲比較大、比較柔和，或比較兇，或者牠跳過柵欄，朝你的方向跑來），你就會感到驚訝，你的反應受到的抑制就會變少。

讓我們自己嘗試一下。看看下面的照片。

如果你和大多數人一樣，那麼你一開始可能會被照片中的狗嚇到。你可能會有一兩秒鐘感到不安、厭惡，甚至害怕。但只要這隻狗不會由紙

上跳出來，用鋒利的牙齒咬住你光滑的頸部，那麼你的大腦對牠的尖牙利嘴和兇惡眼神的反應就會愈來愈少，[15]最後不安的感覺終會消失。你已經習慣化了。（如果你遇到外觀異常的人，也會發生類似的情況。起初你會注意到異常之處，甚至還會目不轉睛；但過了一陣子之後，你可能會驚訝地發現自己幾乎不會再注意他。）

你的大腦似乎已經演化出了不同的機制，由單一細胞相關的機制，到涉及更複雜神經系統的機制，但它們都遵循相同的通則。這個原則很簡單：當令人驚訝或意外的事情發生時，你的大腦會做出強烈的反應，但是當一切都如預測的一樣時，你大腦的反應就會減弱，有時甚至根本不做反應。就像日報的頭條新聞一樣，你的大腦關心的是最近發生的變化，而不是保持不變的內容。這是因爲要求生存，你的大腦就必須優先考慮不同的新事物：突然聞到煙的氣味，一隻極餓的獅子朝你奔來，或者美女俊男走過你身旁。爲了凸顯這個意想不到的新事物，你的大腦會自動過濾掉已經在你意料之中的舊事物。

在接下來的章節中，我們將會看到了解大腦運作的原則，能如何幫助你找出方法，讓你重新沉醉於你已經習慣的美好事物，使你生活中的非凡特點能夠「重新煥發光彩」，也讓你專注在你不再注意到的壞事物，包括你自己的壞習慣，並尋求改變。我們將審視健康、安全和環境，探索你該如何覺察到你已經習慣的嚴重風險。我們將說明：意識到你的大腦對重複刺激的反應減少，可以幫助你在面對他人重複的錯誤訊息時保持彈性，並幫助你解決社群媒體引發的慢性壓力和分心。我們將說明習慣化和去習慣化如何為企業提供教訓——如何保持員工的主動積極和客戶的參與投入。我們也會思考人們怎麼會習慣性別和種族歧視，探究法西斯主義的逐漸崛起，直到「去習慣化的倡導者」——對抗現有規範的反抗者——凸顯出它們的存在。

話雖如此，但習慣化對於生存也至關重要：它幫助我們快速適應環境。當人們無法習慣化（例如，無法習慣身體上的疼痛）時，這種無能就會造成巨大的痛苦。有些人比他人更難習慣化，我們將會看到習慣化遲緩如何導致一連串心理健康的問題，但同時也可能帶來創造性的洞察力和非凡的創新（在商業、體育和藝術領域）。

我們希望接下來的內容能幫助你關閉大腦的灰階影像，讓你重新看到繽紛的色彩。

PART

1

幸福

WELL-BEING

第1章

快樂、關於冰淇淋、中年危機，和一夫一妻制

「如果在過去的十八年裡，我每天都在這裡過這樣的生活，它可能就不會再有神奇的星塵了。但我離開了，而且非常想念它，等我再回來，它就會重新煥發光彩。」

——茱莉亞[1]

來認識一下茱莉亞和瑞秋。這兩位女性過的都是許多人夢寐以求的美好生活。她們兩位皆是五十多歲；茱莉亞住在新墨西哥，瑞秋住在亞利桑納。兩人都有感情深厚的伴侶。茱莉亞有三個可愛的孩子——兩男一女，瑞秋有兩個女兒。她們都有自己擅長而滿意的工作，豐厚的報酬讓她們生活富裕。她們的身體也都很健康。許多人會說她們很有

福氣。

但兩人的相似之處僅止於此。雖然在很多方面，兩位女性都可說是贏得了人生的彩券，但她們的主觀體驗卻截然不同。茱莉亞大多時候都驚嘆於自己的好運氣，但瑞秋卻對她童話般的生活視而不見。

茱莉亞對她人生中大大小小的奇蹟都感到驚奇，說她過著「快樂的生活」。有人問她理想的一天是什麼模樣，她說：「全家和樂融融，你起床做早餐，送孩子們去上學，然後和另一半一起去探險。我們會騎腳踏車或到某個地方喝咖啡或吃頓飯，然後我有一點自己的時間，接著快三點了，我去接孩子放學，送他們去練習曲棍球。接著開始做晚餐。」[2]

瑞秋用一個詞來形容這樣的日子：「無聊！」當然，她知道自己擁有家庭、財富、健康和朋友是很幸福的，她並不悲傷或沮喪，但她也不覺得自己的日常生活很「快樂」，她說日子只是：「過得去。」

茱莉亞和瑞秋關鍵的差別是什麼？並不是人格特質或遺傳，也不是她們與家人和朋友關係的品質。她們的差異之處雖小，但意義重大。茱莉亞經常出差工作；她得出門幾天，或許幾週，然後才回家。她說：「我離開了，而且非常想念它，等我再回來，它就會重新煥發光彩。」離家讓她能夠專注於「生活細節的樂趣」。她說：「如果在過去的十八年裡，我每天都在這裡過這樣的生活，它可能就不會再有神奇的星塵了。」[3]

在日常生活中，瑞秋無法經常離家，因此她感受不到覆蓋她世界的神奇星塵。她無法體驗沒有丈夫、孩子和舒適家庭的生活，這些事物隨時都在她面前，日日夜夜。結果它們積聚了灰塵，失去了光澤。

我們有一個祕密要分享：你從前就可能聽說過茱莉亞。穿著睡衣吃爆米花的你可能曾經和她一起待在你家客廳裡。這裡提到的茱莉亞就是著名女星茱莉亞・羅勃茲（文中的引言都是她親口說的）。我們知道你在想什麼：「茱莉亞・羅勃茲當然很開心也很感恩，天下難道還有比她更得天獨厚的人嗎！」但在這裡，我們認爲茱莉亞對她優渥生活的言論可以啟發一般人。我們相信它可以讓我們深入了解如何讓所有人的人生重新煥發光彩。

另一方面，雖然你從前並沒有聽說過瑞秋（她是我們認識的人，我們已更改了她的身分資訊），但你可能認識像她這樣的人。在很多方面，她代表了許多人的生活現實。她反映了我們許多人的日常經驗，雖然我們可能沒有瑞秋所擁有的一切，但在人生中確實擁有珍貴的事物（或許是充滿愛的家庭，或許是好朋友，或許是一份有趣的工作，或許是一種才能），而且往往沒注意到這些事物——至少不是時時刻刻或日復一日注意它們。

在別人眼裡可能教人驚喜的事物，或者曾經令我們驚喜的事物，如今卻變成了生活裡習以為常的擺設：我們對它們已經習慣化了。舉個例子，研究顯示，結婚後，人們普遍感到更加幸福。然而，在這段快樂的蜜月期大約持續兩年後，幸福的程度往往會下降到一如婚前的程度。[4]

因此，讓我們試著了解為什麼像瑞秋這樣的人不再看到和欣賞他們生活中的美好事物，以及瑞秋該如何採取茱莉亞的觀點，當然啦，她不必試著成為擁有迷人微笑的好萊塢明星。

每天都有冰淇淋

最近，塔莉和她九歲的女兒莉維亞在加州爬山時，突然在懸崖上發現一座可俯瞰大海的華麗宅邸。想像一下葛麗絲・凱莉（Grace Kelly）主演的老電影裡，那種教人嘆爲觀止的歐洲豪宅。（說不定茱莉亞現在就住在那裡。）塔莉氣喘吁吁地問女兒想不想住在這樣的豪宅裡。

「不！」莉維亞說。

「爲什麼不？」塔莉問。

「嗯，每當我得到冰淇淋或玩具時，都是一種享受，讓我非常高興。但如果你那麼富有，一定隨時都能得到冰淇淋和玩具，你不會欣賞它們，因爲你每天都可以得到。它們不再是一種享受，而你也不會感恩。」

莉維亞的觀點很有道理。比較成熟的思想家也有類似的想法，例如經濟學家提博爾・西托夫斯基（Tibor Scitovsky）就曾表示，歡愉來自於欲望不完全和間歇性的滿足。這個說法值得再三重複——**歡愉來自於欲望不完全和間歇性的滿足**。[5]這代表生活中的美好事物（無論你想要的是什麼——美味的食物、美妙的性愛、昂貴的汽車），如果你偶爾經歷它們，就會引發一陣歡愉。可是一旦那些經歷變得頻繁，例如每天都會經歷，它們就不再產生真正的歡愉。取而代之的是舒適感。西托夫斯基認爲，財富尤其會把刺激變成美好但乏味的舒適。

我們認爲西托夫斯基的整體見解是正確的，但它未必只與財富相關，並非富有才會把間歇的快樂變成平凡的舒適。以起司通心粉爲例。許多人（包括莉維亞）非常愛吃起司通心粉，儘管它只能算是家常料理。也許你也喜歡這種起司味濃郁，黏糊糊熱乎乎的義大利麵食，但如果你每天都吃它，會有什麼結果？

我們知道答案，因爲已經有一組研究人員以對照科學研究，找出了答案。[6]他們招募了一群人，把他們隨機分配爲兩組，其中一組人連續一週每天吃一頓起司通心粉。在一週之初，參與者很喜歡他們的食物，但漸漸地，隨著一天一天過去，他們覺得起司通心粉愈來愈不好吃，他們對它習慣化了。幾乎任何刺激，只要在短時間內一次又一次經歷，無論是花園還是人行道上成堆的垃圾，都不會再引起太多的情緒反應，無論好壞。

另一組志願者每週吃一次起司通心粉，持續五週。他們在第一週很喜歡這一餐。第二週也很喜歡，第三週還是很喜歡。你知道後來會怎麼發展：他們對起司通心粉的喜愛程度並沒有下降，因爲**歡愉來自於欲望不完全和間歇性的滿足**。

你可能會爲每天都吃起司通心粉的那組人感到難過，請不必如此。每天吃起司通心粉的人隨著時日發展，每天的食量愈來愈少，讓他們更容易穿上合身的牛仔褲。而每週吃一次起司通心粉的志願者每週的食量保持一樣，結果有些人要扣上褲釦時就變得很困難。*

重新煥發光彩

茱莉亞斷斷續續地享用「起司通心粉」。一旦她習慣了它，可能就該搭機到別處去吃馬鈴薯和牛排了。等她幾週後回來時，「起司通心粉」再次變得美味起來。另一方面，瑞秋幾十年來每天都吃「起司通心粉」。她還記得吃第一口時的興奮——住進她豪宅的第一夜，她精彩工作的最初幾週，她第一次吻她的伴侶。但隨著新鮮感消退，歡愉也消失了。

瑞秋讓我們想起了老電視劇《陰陽魔界》（*The Twilight Zone*）中一個名叫亨利・弗朗西斯・瓦倫丁的悲劇人物。在其中一集〈桃花源〉（A Nice Place to Visit）中，罪犯亨利在搶劫時遭警察槍殺。他醒來後，發現自己身旁是和善的守護天使皮普，皮普告訴他：他已經死了。亨利起先吃了一驚，但他很快就發現，不論他想要什麼，皮普都會給他：金錢、在賭場贏錢、美女，不論是什麼都可以。「我一定是在天堂。」亨利想。

一開始這教人非常興奮。但幾週後，亨利開始因爲無聊而失去理智。顯然，如果你可以在一天中的任何時間不斷擁有金錢、香檳和跑車，它們就不那麼令人愉快了。亨利再也無法忍受了。他懇求皮普把他搬到「另一個地方」——那個有熊熊火焰的地方。「瓦倫丁先生，你怎麼會覺得自己置身天堂？**這裡就是另一個地方！**」皮普說。

瑞秋當然沒有混淆天堂和地獄，但她並沒有因爲自己置身人間天堂而感到歡愉，因爲她對它們已經習慣化了。在我們說「習慣化」時，我們的意思是她不再那麼注意到她生活中美好的事物（乾淨的廚房、藝術品、綠樹）；她對它們的反應減少；她不再那麼欣賞它們。爲了再次感受到歡愉，她可能需要去習慣化。要擺脫對某些事物（某種食

* 雖然一遍又一遍地經歷同樣的事物往往會減少我們由其中獲得的歡愉，但有些熟悉感卻可以增加歡愉。例如「單純曝光效應」（mere exposure effect）這種心理現象，人們會僅僅因爲熟悉而產生對事物（藝術、音樂、臉孔）的偏好。因此，最初的幾次重複可能會增加歡愉，但最後則會因習慣化而使歡愉減少。7

物、感情深厚的伴侶、好的工作、陽光的溫暖、海洋的湛藍）的習以爲常，我們需要遠離它一段時間，讓它的美麗再度給我們驚喜。

即使是短暫的休息也能引發去習慣化，而重新帶來歡欣。比如，你喜歡從頭到尾聽一首樂曲，還是希望在聆聽體驗之中有一些小的中斷？我們猜想你會比較喜歡不受干擾地聆聽這首曲子，大多數人對這個問題都會這麼回答。但如果你的目標是要有最大的享受，那麼你的選擇很可能是錯誤的。

在一項研究中，[8]八名志願者連續或間歇地聆聽令人愉悅的音樂，並對他們的享受程度評分。雖然九九％的參與者預期短暫的休息會對他們的體驗有負面的效果，但實際上結果恰恰相反！有休息的人更能享受音樂，而且比起不停地聽音樂的人，他們更願意花兩倍的價格去聽音樂會。

休息降低了我們適應美好事物的傾向，因此歌曲帶來的歡樂可以持續更長的時間。令人驚訝的是，無論人們在休息期間做什麼，情況都是如此。在研究中，一組人在休息時什麼都不做，另一組聽煩人的噪音，第三組則聽另一首歌。在這三種情況中，休息都會增加人們對原曲的享受。

大多數人似乎都低估了習慣化的力量，而且往往未能察覺把良好的經驗分解成片段的好處。因此你可能會選擇毫不間斷地一次享受美好的體驗（音樂、按摩、電影、假期），而不是刻意地暫停下來休息，以便更加享受這些體驗（下一章將詳細介紹這個問題）。

瑞秋或許不能像茱莉亞．羅勃茲那樣，搭機離家幾天或數週，但即使只是離開一個晚上或一個週末，也能讓她去習慣化。離開的時間無論多麼短暫，都會讓瑞秋以新的眼光看待她的生活——打破她的現實。但如果瑞秋連週末都無法離開怎麼辦？好吧，也許她可以留在原地，但改變一下環境呢？舉例而言，塔莉在撰寫本書期間罹患了新冠肺炎（她的症狀很輕微），因此被放逐到自家地下室的客房。她驚訝地發現住在地下室感覺有點像一場冒險。等到隔離結束，她重新回到一樓，加入家人，家庭生活似乎有了改變，正如茱莉亞所說的，再次灑滿了星塵。

但你不需要用地下室作爲臨時度假地點來去習慣化——你可以發揮你的想像。勞麗．桑托斯（Laurie Santos，人稱「耶魯大學的快樂學教授」）建議，只要用你的心智來改變你的環境。[9]閉上眼睛，想像你的生活，唯獨沒有你的家，沒有你的工作，沒有你的親人；創造具有色彩和細節的生動圖像。這種經驗不僅教人心驚，而且讓大多數人對自己所擁有的一切感到慶幸。

這有點像是做了一個失去親人的噩夢——當你醒來發現一切都是一場夢，而夢中失去的親人好端端地就在你身邊時，你會特別感激。在噩夢發生之前，你可能很清楚地**知道**其實自己擁有美好的事物，但當你從噩夢中驚醒後，你仍舊能**感受**到它。

即使你已經對某件美好的事物習慣化了，你可能仍然**知道**它很棒。例如，如果你有幸已經得到夢想的工作，你可能在進入辦公室時，不再有「哇！」的感受，但你仍然了解這是個很棒的職位。這是因爲你對什麼是好工作的明確評估並沒有像你的感受那樣快地習慣化。

在以色列海法大學（Haifa University）阿薩夫．柯隆（Assaf Kron）實驗室進行的一項研究中，[10]研究人員向一群志願參與者展示了一連串令人愉悅事物的照片，例如可愛的小狗或漂亮的嬰兒。每張照片都反覆地展示——總共十六次。當志願者在看照片時，研究人員用肌電圖（EMG）測量他們的臉部動作。肌電圖記錄骨骼肌（skeletal muscle）產生的電活動。當你感到愉悅時，顴骨肌肉就會運動，讓你微笑。這些肌肉由你的顴骨延伸到你的嘴角。

當志願者第一次看到這些可愛的照片時，他們的顴骨肌肉被大量啟動，他們也表示自己感到愉悅。然而，隨著次數增加，他們習慣了這些照片——他們說，每一次重複看到這些小狗和新生兒的照片，感覺到的快樂愈來愈少，他們顴骨肌肉的運動也愈來愈少（對照組顯示這不是由於疲勞）。然而志願者仍然認爲這些照片很美好。儘管他們**知道**這些照片很可愛，但它們不再帶來歡樂。我們在理智上欣賞的事物可能與我們在情感上的感受分離。

「感覺」和「認知」之間的這種分離是有道理的，因爲情緒是人類和在演化階梯上處於低階的其他動物所共有的古老演化反應，而「認知」則是更新，且在某些方面是明顯人類獨有的能力。兩者依賴部分不同的大腦系統。「古老的」情緒反應很快就會變成習慣，而「新的」智力反應則會持續存留。

但是爲什麼情緒反應很快就會習慣化？爲什麼我們的大腦會演化成由持續或重複的美好事物獲得的快樂愈來愈少？如果你維持初心，爲你的工作／房子／伴侶歡喜讚嘆，不是很好嗎？

或許是，或許不是。對美好的事物習慣化會驅使你向前進步。如果你沒有這樣的習慣化，就會對現況感到滿意。例如，你可能在獲得一份初級職位的工作多年後，依舊心滿意足。安於較少的欲望似乎是可取的，但這也代表你學習、發展和改變的動力會減少。如果不是因爲情緒上的習慣化，我們這個物種可能就不會擁有現在的科技創新和偉大的藝術作品，因爲人們可能沒有創造它們的動力。

這兩者必須達到微妙的平衡。習慣化會導致我們不滿意、無聊、焦躁和貪婪。但如果沒有習慣化（容我們在此也加上一點無聊、焦躁和貪婪），我們可能仍然是穴居人。

我們現在能夠不再坐在寒冷黑暗的洞穴裡，一個原因在於進步讓我們快樂。快樂常來自於感知自己在前進、改變、學習和發展。不妨想想兩位神經學家巴斯欽・布蘭（Bastien Blain）和羅布・羅特勒吉（Robb Rutledge）在倫敦進行的研究。[11]他們讓志願參與實驗的人玩新遊戲，並且每隔幾分鐘報告一次他們的感受。他們發現，志願者最快樂的時候並不是他們在遊戲中獲得最多金錢的時候（儘管這確實也讓他們很高興），而是當他們對遊戲內容學到新事物時。學習帶來的快樂比金錢更多。你會習慣一些事物——豪華汽車、大螢幕電視——但你不會習慣學習的樂趣，因爲學習的本身就是改變。

人無法對改變習慣化。

在王爾德的名作《不可兒戲》（*The Importance of Being Earnest*）中，華任真告訴他的意中人關多琳，她十全十美。她回答說：「喔！我希望我不是那樣的人，那會不留任何發展空間，而我打算朝多個方向發展。」[12]

並非只有關多琳如此。正如亨利．瓦倫丁在《陰陽魔界》中所體會到的，人們並不享受「十全十美」的狀態。在一項研究中，安德拉．吉安納（Andra Geana）和她在普林斯頓大學的同僚[13]要求志願參與者玩一款電玩，他們擁有能完美執行這個遊戲所需的全部資訊，但參與者根本不喜歡這個遊戲，他們很快就感到無聊。（「這根本就是另一個地方！」）所以吉安納讓他們玩另一個遊戲。在這個新遊戲中，參與者沒握有如何能表現傑出的資訊——他們必須邊做邊學。結果他們對這個新遊戲的參與度要高得多，儘管他們必須努力才能表現完美，但他們從中得到更多的樂趣。

接著吉安納讓參與者自行切換要玩的遊戲。她發現，他們比較常由已有全部知識的遊戲切換到不確定和需要學習的遊戲，並且停留在那裡。在我們無法學習的時候，就會感到無聊和不快樂。

中年的千篇一律

當改變停止時——當你停止學習和進步，憂鬱症就容易發作。我們相信，這是令人提心吊膽的「中年危機」的核心原因之一。一聽到「中年危機」，你很可能會想像一個駕著紅色跑車、五十多歲的禿頭男子。但現實卻截然不同。在不同國家、不同職業、不同生活環境的男女兩性——不論是已婚、單身、同性戀、異性戀，都會在四、五十歲時經歷快樂感下降的情況。根據對世界各國成千上萬人的調查，至少有七十個國家的中年人出現快樂感下降。[14]

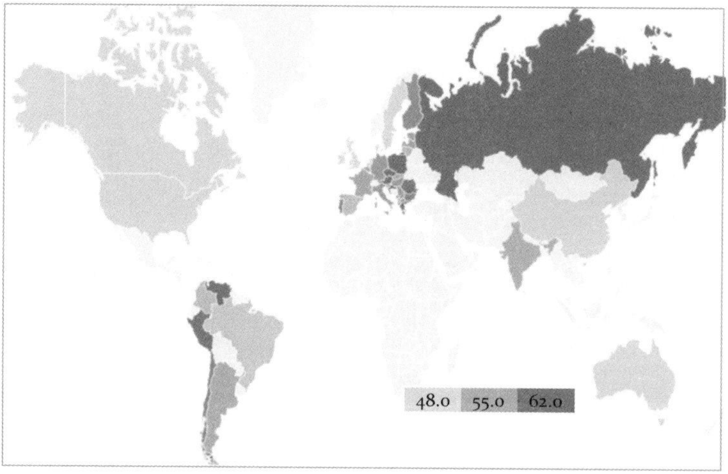

世界各國最不快樂的年紀。圖為世界各國快樂感達到最低點的年齡（根據可取得並分析的資料）。較深的顏色表示「谷底」落在較晚的年紀（約六十二歲），而較淺的顏色表示較早的年紀（約四十八歲）。[15]

不同國家的人快樂感跌至谷底的確切年齡確實略有不同。例如，美國、英國、加拿大和瑞典的人是在四十五歲左右；印度、法國、德國和阿根廷是五十五歲左右；希臘、秘魯和奧地利是六十歲出頭。（俄羅斯、克羅埃西亞、波蘭和波士尼亞是例外——他們國民的快樂感一直到七、八十歲才達到最低點。）

在步入中年之前，很多人可能會感覺到他們正在學習和發展，無論是在專業上，還是在其他方面——學習如何成為朋友、護理師、廚師、職員、教師、醫生、伴侶、律師、活動倡議人士、肚皮舞者、糕點師、父母。十九歲的時候，什麼都可能發生：你可能會墜入愛河，或許今天或許明天，你可能會學到一些東西，讓你天翻地覆，或改變你的生活。但到了中年，許多人覺得自己陷入了困境。他們的感覺是一切都平穩，並且會持續很長的時間保持如此。

平穩並不是壞事，這樣的生活或許是傳統意義上的「美好」，但卻代表較少的變化、較少的學習、較少的未知或不可預測的事物。人們的生活中可能都有一些美好的事物，只是他們習以為常了。

但不用擔心，不快樂不會永遠在。在人生較晚期，我們會變得更快樂。老人都是牢騷滿腹？資料並不支持這樣的印象。雖然教人驚訝，但事實證明，在中年之後，快樂會增加，並且持續到生命的最後幾年。[16]或許這是因爲在後中年時期（五十多歲、六十出頭），變化再次出現——孩子們離家；人生的冒險隱然浮現；人們退休，並尋求新的前景。雖然這只是猜測，但也許重組生活、學習如何在新環境下做一個不同的人，這種需求會讓人們從習慣的狀態進入學習和去習慣化的狀態。

相較之下，中年的「千篇一律」可能漫長而且教人沮喪。四十歲後期的自殺率（尤其是男性）相對較高。[17]當然，自殺的原因複雜多樣，但缺乏改變、減少學習和停滯不前的感受，可能是造成自殺率升高的原因。

冰箱和手錶 vs 海灘和音樂會

爲了對抗中年的平靜麻木，人們可能會試圖引發改變。彼得去買摩托車，賈桂琳由一個地方搬到另一個地方，克蘿伊換工作，穆罕默德學習如何蒔花弄草，薇奥拉赴中國旅遊，托馬斯到當地大學參加創意寫作課程。誰能最成功地把快樂重新注入他們的生活之中？

許多研究顯示，各種體驗（度假、上館子用餐、體育賽事、音樂會、課程、學習新技能）往往比新財產（汽車、房屋、平板電腦、衣服、家具、電視、洗碗機）更能帶來快樂。這是眾所周知的發現，你可能以前也聽說過，[18]只是你或許不知道為**什麼**體驗（平均而言）會比財產更讓你快樂？

回想一下你最近購買的一件物質商品。（新的筆記型電腦？自行車？冰箱？）好，接著再回想一下你最近購買的體驗。（赴倫敦旅行？上牛排館用餐？一場足球賽的門票？）選擇兩項花費大致相同，而且大約在同一時期（幾週或幾個月前）購買的東西（物質商品和體驗）。你對它們兩者的滿意度如何？

如果你像大多數人一樣，你就會對體驗比對物質更滿意。這是調查顯示的結果，我們不是已經知道了嗎？有趣的是，當人們**回顧**自己所購買的東西時，他們通常會對去南卡羅來納州度假比買新沙發更滿意，或者對去看百老匯音樂劇比買馬球衫更開心，但在購買的當下，這些事物給人的快樂程度並沒有什麼區別。[19]這是怎麼回事？

原來隨著時間的進展，人們對物質商品的滿意度會急劇下降，但對體驗的滿意度卻不會減少，而且研究顯示，它往往還會增加！一開始，你從冰箱和音樂會中獲得的快樂可能大致相同，只是你很快就會習慣新買的雙門下冷凍KitchenAid冰箱，而在流行歌手Prince英年早逝前，在倫敦O 2體育館看他表演的記憶所引發的快樂卻會持續一生。相對於個人財產轉瞬即逝的快樂感，體驗對快樂縈繞不去的影響，可能是人們比較會後悔沒有購買某種體驗（去巴黎旅行、騎小馬）而非物品的原因之一。

我們並不是說所有的體驗都比所有的財物好。有些體驗很可怕，而有些財物卻無比美妙。正如山繆・詹森（Samuel Johnson）所寫的：「再沒有比處心積慮的歡樂更徒勞的事了。」[20]

儘管如此，**平均**而言，我們中有許多人似乎低估了體驗的價值，而高估了物質財富的價值。[21]造成這種系統性錯誤的原因之一是，我們認爲財富可以持續很長時間，而體驗卻轉瞬即逝。這種想法似乎很合乎邏輯——冰箱、汽車或裝飾品可以使用多年。（塔莉仍然在穿她十五歲時買的衣服；這確實是物有所值。）沿著海岸遠足，高空彈跳，音樂課，住豪華酒店——這些體驗都只有持續幾週、幾天、幾小時或幾分鐘。但在我們的心中，擁有的財物可能是短暫的，而擁有的體驗卻可能會持續至永遠。不久之後，你可能不會注意到新添置的財物，但相對地，一個經驗卻可能會帶來持久的好處。

想想一次美妙的潛水體驗、一場徹底改變你世界觀的演講、一次阿拉斯加之旅。這一切都可能會再次浮現在腦海中——不是一點點，而是很多。我們不該說，儘管這些記憶曇花一現，卻依舊閃閃發光，而該說**正因為**它們轉瞬即逝，因此依然光彩奪目。不妨想想一段美妙的戀情。數十年懷舊的星塵可能會灑在短暫的羅曼史上，而持續了數十年的戀情回憶起來可能沒有絲毫星塵可言。

由絢麗回歸平凡

在《北非諜影》（*Casablanca*）中，男女主角瑞克和伊莎在巴黎曾有一段纏綿悱惻的戀情。到了分別的時候，瑞克轉向伊莎說：「我們永遠都會擁有巴黎。」我們確信，巴黎（和卡薩布蘭加）將深深地刻在他們的腦海中，至死方休。但如果沒有發生二次大戰，瑞克和伊莎不需要分離？如果相反地，他們結了婚，成了家，生了幾個孩子，還有幾個孫子？如果鐵達尼號沒有沉沒，蘿絲和傑克在紐約一起下了這艘遊輪，會有什麼樣的發展？

王爾德對這種事有明確的看法：「戀愛非常浪漫，但明確的求婚卻毫無浪漫可言……興奮感全都蕩然無存。浪漫的本質就在於不確定性。」[22]

不久前，凱斯在紐約市參加一場婚禮。婚宴桌上的話題自然轉向了愛情和婚姻。巧的是，坐在凱斯正對面的是這個主題的專家——著名的婚姻治療師埃絲特．沛瑞爾（Esther Perel）。她對此事也有一些看法，而且這些看法與王爾德的差別不大。

沛瑞爾治療過許多已婚伴侶。她觀察到，如果長久下來，丈夫與妻子，或者妻子與妻子，或者丈夫與丈夫之間的親密和慰藉不斷增加，通常愛就會持續下去，但興奮，包括性興奮，卻會減少。

沛瑞爾說：「如果親密關係透過重複和熟悉而增長，那麼性慾就會因重複而麻痺。」[23]弔詭之處就在這裡：更親密的關係往往伴隨著性慾的減少，是比較暗淡的光彩。

在沛瑞爾看來，性的興奮「在神祕、新鮮和意想不到的事物中蓬勃發展」（正如王爾德所說的，「不確定性」），因爲「欲望需要持續的捉摸不定。它對於自己已經位於何處並不在乎，而是熱衷於它還能往哪裡去」。夫妻忘記的就是「火焰需要空氣才能燃燒」。

新鮮和變化是欲望的核心，但這與人們珍惜和需要的安全感並不一致。沛瑞爾說：「當親密關係失去了神祕感，排除了任何發現的可能性，它就變得殘酷了。當沒有什麼可以隱藏的時候，也就沒有什麼可以尋找的了。」習慣和慣例是澆熄欲望的反春藥。正如她所說的：「欲望與習慣、重複互相衝突。」[24]

在你認為你的伴侶已經固定不變，一如預期之時，熱情就會減少，甚至消失。但這種可預測的感受只是一種幻覺。我們可以保證，即使你和伴侶已經相處幾十年了，他依舊擁有你會感到驚訝的祕密、經歷和觀點。（我們希望這些事物都不至於可怕，儘管有些可能會教人不快。）你以為自己徹底了解你所愛的人，但其實這個想法大錯特錯，無論對方是你的伴侶、最好的朋友、子女或父母。知道自己只看到伴侶眞實面目的一部分，可以讓你保持興奮。

回想一下你特別受到伴侶吸引的時刻。你的伴侶在做什麼？當時你們在哪裡？沛瑞爾要求人們描述他們最受伴侶吸引的事件時，他們提到了兩種一般情況。第一種是，當他們對伴侶感到不熟悉和不了解時，例如當他們隔著一段距離看到他們的伴侶，或者當他們看到伴侶與陌生人深入交談。第二種他們特別受到伴侶吸引的情況是，在他們分開後又再度團聚時。經過多年在診所聆聽伴侶們的心聲，沛瑞爾得出了結論：爲了避免不平凡變成平凡，需要減少在一起，增加分離的時間。[25]

沛瑞爾的結論有它的科學根據。一項兩百三十七人參與的研究顯示，[26]當人們與伴侶分開的時間較長時，他們對伴侶產生的性趣就更大。每一對伴侶最佳的分離時間可能各有不同——或許每次分離一週、一個週末，或只是一個晚上。這是一種微妙的平衡。人們需要共處的美好時光和共同的經驗來維持關係，但一點點獨立可能正是醫師開的藥方。

如果某件事保持穩定不變，我們往往會假設（或許是無意識地）它會一直存在。因此我們會把注意力和精力集中在我們待辦清單上的下一件事情上。[27]但如果我們能讓持續的事物變得不那麼穩定，我們的注意力自然會回到它身上，如果它的核心依舊良好，就可能會重新煥發光彩。

探索者與常規者

凱斯的家人常說：「我們老是墨守成規。」這話（通常）是對凱斯的親暱責備，因爲凱斯喜歡常規的事物。凱斯的另一半喜歡新奇和冒險，她可以接受高度的不確定性。凱斯則是喜歡採用他已知事物的「常規者」，他會選擇他熟知的選項（比如宅度假和熟悉的餐廳），而他的妻子則比較像是未知事物的「探索者」，偏愛不確定但可能有更大好處的選項（去從未去過的陌生地方度假，去沒去過的餐廳嚐鮮）。

思索一下你自己的喜好。假設這個週六晚上你要外出用餐，你想去一個你十分熟悉，而且你知道自己喜歡的地方，還是嘗試一下上個月剛開張的新餐廳？你喜歡認識新朋友，還是認爲老朋友最好？你喜歡冒險嗎？當你聽到「宅度假」這個詞時，你會微笑還是皺眉？

需要說明的是，每個人（包括你）都會採用一些常規，但也會做一點探索。我們都會再次擁抱由過去的經驗中知道是很棒的地方和人，但有時也會冒險並探索未知的路徑，只是每個人對這兩者之間的平衡可能會有很大的差異。有些人似乎天生就喜歡採用常規，而有些人則喜歡探索。

我們揣測，很快習慣化的人會被探索吸引。因爲習慣於現狀而導致情緒減少將會刺激他們追尋新的體驗和發現。你可以稱這些人爲「感覺尋求者」。感覺尋求者追求新的和不同的感覺、情感和體驗。

喜歡環遊世界、高空彈跳、服用迷幻藥物，或與不同的人群互動，這些人願意冒險探索未知，部分原因是他們往往對已知很快就會習慣化。但探索者可以用普通的方式探索未知的世界，未必需要旅行或服用迷幻藥，相反地，他可以待在家裡，喝杯花草茶，讀一點讀物。

賓州大學教授丹妮·巴塞特（Dani Bassett）和同僚發現，「探索者」（喜歡嘗試新事物的感覺尋求者）在尋求知識方面也有一種特定的模式。在一項研究中，[28] 巴塞特請一百四十九名志願者搜尋維基百科二十一天，並記錄他們每一次的搜尋項目。巴塞特檢視這些志願參與者的維基百科活動時，發現參與者可以清楚地分成兩組。

一組是由「多事者」組成，他們搜尋不同議題的資訊，創建了沒有多少關聯的概念知識體系。例如，一名參與者可能會閱讀有關電視製片人珊達·萊梅斯（Shonda Rhimes）的維基百科頁面，接著閱讀有關心臟病的頁面，然後是有關朝鮮薊的頁面。另一組則是「獵人」，他們藉由搜尋相關概念的資訊，來創造緊密的知識網絡。例如，一名參與者可能會閱讀有關巴拉克·歐巴馬的維基百科頁面，然後閱讀有關蜜雪兒·歐巴馬的頁面，然後閱讀有關歐巴馬基金會的頁面。這種知識尋求者的類型提供了有關此人性格的線索——「多事者」比「獵人」更有可能是感覺尋求者（即探索者）。

看看你周圍的人——你的伴侶、你的朋友、你的同事。許多人能比較清楚地歸入多事者／探索者，或獵人／常規者的類別。這兩種類型的人都可能非常有趣而且成功。舉個例子，這個星球上最富有的兩個人：比爾．蓋茲和華倫．巴菲特。兩人都是狂熱的閱讀者。

微軟公司的共同創辦人蓋茲從小就每週讀一本書，也就等於他這輩子大約會讀兩千五百九十二本書。他推薦的書單包括一本關於睡眠科學的書（馬修．沃克〔Matthew Walker〕的《為什麼要睡覺？》〔*Why We Sleep*〕）、幾本關於教育的書（例如黛安．塔文納〔Diane Tavenner〕的《預備教育的未來》〔*Prepared*〕）、一本關於網球的論文集（大衛．福斯特．華萊士〔David Foster Wallace〕的《弦理論》〔*String Theory*〕）、一位患有亞斯伯格症的教授努力討到老婆的小說（格蘭．辛溥生〔Graeme Simsion〕的《蘿西計畫》〔*The Rosie Project*〕）、一本關於矽谷驗血科技公司Theranos醜聞的非小說類書籍（約翰．凱瑞魯〔John Carreyrou〕的《惡血》〔*Bad Blood*〕），以及幾本歷史書（例如麥可・貝施洛斯（Michael Beschloss）的《戰爭總統》（*Presidents of War*）。[29]我們揣測蓋茲會落在巴塞特的「多事者」那一群裡。

巴菲特也是愛讀書的人。他建議大家每天讀五百頁。「知識就是這樣運作的，」他說，「它會不斷累積，就像複利一樣。」他的建議清單上有哪些書？班傑明・葛拉翰（Benjamin Graham）的《智慧型股票投資人》（*The Intelligent Investor*），蘿菈・黎頓郝斯（L. J. Rittenhouse）的《投資前的精準判讀》（*Investing Between the Lines*），約翰・柏格（John C. Bogle）的《約翰柏格投資常識》（*The Little Book of Common Sense Investing*）。[30]我們可以繼續說下去，但你已經明白了。巴菲特的清單並不像蓋茲那樣多元化，而幾乎完全由商業書籍組成，大部分都關於投資，許多是指導你如何做的書籍；它們提供了如何在投資和商業上成功的藍圖。假設巴菲特的推薦清單能反映他實際的閱讀情況，那麼我們會猜測他是個「獵人」。

雖然人們追求新奇事物的傾向在一個領域（例如旅行或食物）和另一個領域（例如讀物）之間存在關聯，但仍然可能在某些情況下喜歡探索，但在其他情況下喜歡採用常規。比如凱斯在尋求知識方面是「多事者」，但也是個宅在家裡的「常規者」。

與凱斯共同寫過書的人認爲，喜歡宅度假勝於冒險的凱斯會娶探索者爲妻並非偶然。我們需要兩者才能充分運用人生——探索新事物並擁抱舊事物。當我們的生理機能、基因組成，或者過去的經驗導致我們偏向（也許偏得過於嚴重）一個方向而非另一個方向時，與性情相反的人結合可能會恢復我們的平衡。大自然，或者人性，都可能會把陰陽結合在一起。

第2章

多樣性：為什麼你該分段進行好的體驗，但一口氣完成不愉快的任務

改變對你有益。

——美國歌手雪瑞兒．可洛（Sheryl Crow）

花點時間想想你的生活。有什麼方面是你想要改變的嗎？或許你正在考慮換工作或搬家？或許你正在考慮展開一段新的關係，或者結束一段現有的關係？或者你只是想知道是否要培養新的嗜好，或改變浴室牆壁的顏色？你怎麼知道改變對你是否有益？讓我們以一位才華洋溢的年輕教授爲例，姑且稱之爲N。幾年前，N被她所在國家的一所頂尖大學聘用。大學的教職競爭相當激烈，往往有數百名申請人爭奪一個職位，聘用的

過程可能既漫長又複雜，N很高興能得到這份工作，但隨後卻有教人意想不到的發展。

展開新職務幾天之後，N開始重新考慮她的抉擇。新的部門與她待了很多年的老部門有很大的不同。教職員不同；他們談論的內容和關心的事物不同；規則不同；慣例不同。甚至連午餐的選項也不同。N很不快樂。接下新職僅數週後，她就考慮重返原來的工作。

N的案例並不罕見。調查顯示，數量驚人（高達四〇％！）的員工在入職後的頭六個月內辭職。[1] 儘管這些數字在不同的行業各不相同，但幾乎在所有的行業中，這個數字都高得令人驚訝。超過三分之一的新員工在第一年內離開金融業和醫療保健業的工作。在所有的行業中，頭六個月內離職的人數都高於隨後六個月內離職的人數。[2]

如果你曾經搬到新的地方，可能就很熟悉那種想趕快回去，立即調頭的渴望。然而，大多數人確實會在短短的幾個月內適應新的城市、新的工作和新的住所，並且在許多情況下會變得捨不得離開。

幸好有位朋友建議N深呼吸，放鬆一下，適應新的部門。當然，最初的幾週可能很辛苦，因爲會遇到無數的麻煩事物，並且得在新環境中摸索。這些煩惱（或許你的辦公室很小；或許主管要求嚴格）似乎會永遠困擾你。你渴望熟悉的舊事物。但猜猜後來怎麼了？幾個月之內，你將不會再注意到第一天讓你感到難受的許多事情。

在採取行動之前，你應該先讓習慣化發揮作用。也許你的新工作、新關係、新房子當下並不合適。但很難評估長遠下來，與沃弗蘭一起住在鳳凰城會讓你比較快樂，還是擔任洽洽公司的行銷主任會讓你比較開心，除非你先讓自己習慣壞（鳳凰城天氣又熱又乾）和好（沃弗蘭每天早上會爲你沖泡新鮮咖啡）兩面。

N決定留下來。如今回想起來，她很高興自己這樣做。她在大學度過了幾年美好的時光。後來她又接獲另一份工作邀請，決定轉到第三家機構。她再次經歷了轉變期的痛苦，但隨著時間的進展，這種痛苦逐漸消失。今天，N在新職位上和在舊職位上一樣高興。那麼問題是：這些轉變值得嗎？改變對她有好處嗎？

多樣化生活的價值

這些問題的答案取決於你認爲美好的生活是什麼。也就是說，你想在生活中充分發揮什麼價值？我們指的不是金錢、友誼或權力本身，而是你希望這些事物（如金錢、友誼或權力）能帶給你什麼？

這個問題有三個明顯的答案。第一個是最不意外的：你很有可能想要快樂。大家都知道快樂很難定義，但它可能表示人們想要享受自己的時光，希望日子過得舒適歡愉，並且希望避免焦慮和痛苦。你可能渴望愛情、婚姻、子女，和豐厚的薪水，因爲你相信這些事物會帶給你快樂，有時的確如此。

N決定接受新工作可能是因爲她認爲這樣會讓自己更快樂。假使如此，那麼這個決定或許並不是好的決定。她最後在新工作中並不比在舊工作中更快樂（這並不奇怪，因爲人們往往會適應新環境，最後達到他們的「基礎」快樂程度）。[3]

除了快樂之外，你可能還希望感受到自己的人生有意義。這是人們給的第二個答案。有時意義和快樂齊頭並進，有時卻不然。如果你花一個晚上追新劇，你可能會度過一段愉快的時光（如果節目很好看），但你不太可能覺得這段時間特別有意義。如果你花一整天做慈善工作，你可能會發現這段時間很有意義，卻不特別愉快；它可能很辛苦或教人筋疲力盡。

凱斯討厭參加追悼會——在他看來，追悼會很痛苦，但他最近去參加了好友的追悼會，雖然凱斯非常厭惡這種場合，但它充滿了意義，他絕不會錯過它。N的舊工作和她的新工作意義相似，因此在她換工作的決定中，尋求意義可能沒有發揮任何作用。

快樂和意義都很重要，[4]但久而久之，同樣的事物帶給你的快樂和意義可能會愈來愈少。你可能會連續七個晚上狂追精彩的電視劇——但我們預測，到第四個晚上，你就會開始習慣化，你的體驗會變得不那麼美好（即使客觀來說，第十集和第二集一樣好看）。你可能會花費數年時間進行癌症研究，一段時間後，你的使命感可能會減弱，讚嘆和感恩可能會被例行公事的感覺所取代。

可以確定的是，這些情況也都有例外。例如你可能會覺得，這些年來，你教養子女時所體驗到的樂趣和意義並沒有減少那麼多，或者根本沒有減少。爲他人付出（例如養育孩子或慈善工作）所帶來的滿足感是否會減少得比較慢？

想像一下，我們現在給你五美元，讓你花在自己身上。你可以用它來買一雙色彩繽紛的襪子、一支紫色的筆，或一兩塊巧克力，這些小禮物可能會引發喜悅的火花。現在再想像一下，明天我們給你第二張五美元的鈔票，你再一次爲自己買東西。第三天，我們又給了你五美元，第四天和第五天再度如法炮製。我們每天都給你相同的指示——用這五塊錢犒賞你自己。一如你所料，你由這五美元的禮物所體驗到的快樂每天都會逐漸減少。準確地說，平均而言，在七分的快樂量表上，它大約會減少一分。[5]至少這是一項研究發現的結果，在這個研究中，人們連續五天，每天收到五美元作爲禮物。

現在再次想像一下，我們給你五美元，但這回的指示是要你把它花在其他人身上。你可以爲同事購買巧克力糖，爲你的配偶購買色彩繽紛的襪子，或爲你的女兒購買一支紫色的筆。第二天我們再次給你五美元；並給你相同的指示。第三天、第四天、第五天也是如此。每天我們都會問你這五美元讓你有多高興。再一次地，五美元帶來的快樂可能會隨著時間的進展而消退。

然而事實證明，習慣施予的快樂比習慣獲得的快樂慢得多。依照七分制的量表，施予的快樂感在五天內僅下降半分，也就是說，下降得比獲得的快樂感少半分。施通常比受更有意義，[6]因此這項實驗說明，爲他人做一些有意義的事所帶來的益處較慢才會習慣化。

讓我們再回到人們在人生中想要達到什麼目標的問題。我們中有許多人都努力追求最大的快樂；也有許多人試圖追求最大的意義或目的。但在幸福和意義之外，你也可以嘗試達到人生的另一個層面——變化。你可能嘗試過一種有新經歷、新地方、新朋友和新觀點的生活，使你的所見所爲具有多樣性。

心理學家大石茂宏和艾琳・韋斯特蓋特（Erin Westgate）把這種生活稱爲「心理豐富的生活」，他們發現很多人都努力追求這樣的生活。[7]確實，人們在乎快樂和意義，但他們也關心多元化和多樣性。許多人都說，如果能消除他們人生最大的遺憾，就會讓他們的生活更加豐富多彩。[8]

N所做的每一步當然都爲她帶來了多樣性。換工作可能使她的生活變得更有趣，並提供了新的學習機會。這些機會增加了她的知識，提供了新的想法——這一切都可能提高了她的工作品質。這就是爲什麼不時讓員工輪換部門，或者鼓勵他們參與不同的專案，可能會有益處。在美國政府中，員工會由他們所屬的機構或部門（例如環保署）暫時外調到另一個機構或部門（例如白宮），部分是因爲有這樣的需要，部分則是因爲他們相信，當這些員工調回原職時，新的經驗將豐富他們的視野，並改善他們的工作。

在學術界，教師通常每隔幾年就可以學術休假（sabbatical）一次——他們可以在這個學期中放下平時的教學職務，自由地到其他地方工作。他們可能著書，參觀其他大學，在產業界工作一段時間，或只是在各地遊歷。這種做法似乎是奢侈，或者是浪費公帑，也許確實如此。但其實無論這些教師在學術休假期間做什麼，他們都會得到多樣性。多樣性會增加他們對生活美好的感知，正如我們將在第五章中講述的，因而激發創造力。

多樣化的生活可能與快樂和意義攜手並進，但未必一定如此。即使多樣化的生活不會讓你更快樂，即使它不會增加人生的意義，你依舊可能希望多樣化的生活。大石茂宏和韋斯特蓋特發現，許多人會爲了體驗多樣性而犧牲快樂和意義，因爲他們認爲多樣化的生活是美好的生活。

改變不夠

變化帶來了多樣性，但它也有其代價；它會帶來麻煩和風險，因爲你永遠不知道改變會帶來什麼結果。因此即使人們目前的情況不太好，甚至很糟糕，他們也可能不願意做出改變。我們在這裡指的不是像N這樣的案例，她接受新工作並不是因爲她不快樂，而是因爲出現了一個有趣的工作機會。然而在此，我們指的是那些明顯不滿意的人——也許對他們的體重、也許對工作，也許對關係不滿意，但他們對於是否採取行動，卻抱著觀望的態度。那麼平均而言，正在考慮改變生活某一方面的人，最後會不會不僅過著更「多樣化」的生活，而且也過著更快樂的生活？

這正是經濟學家史帝文·李維特（Steven Levitt）想要回答的問題。[9]爲了了解一般而言，改變是否會帶來更大的快樂感，李維特原本可以只詢問做出人生重大改變的人，在改變之前和之後的快樂程度，然後比較他們和沒有改變者的快樂程度。例如蘿瑞塔*和伯納黛特都想要離婚，蘿瑞塔最後離了婚，伯納黛特卻沒有離婚。結果是，離婚後的蘿瑞塔比沒有離婚的伯納黛特更快樂。

然而這個結果可能反映的事實是：蘿瑞塔擺脫婚姻，可以比伯納黛特獲得更多的益處，這就是蘿瑞塔會離婚而伯納黛特沒有離婚的原因。也許蘿瑞塔的婚姻比伯納黛特的更糟糕；也許蘿瑞塔對與其他人交往更有信心。行動之前與之後的研究無法給我們正確的答案。我們需要更好的科學方法，幸好李維特有他的計畫。

李維特的計畫是隨機鼓勵一大群人中的一部分人改變他們的生活，並鼓勵其餘的人保持現狀。怎麼做到？憑著擲硬幣！他邀請對現況不滿，正在考慮改變的人，在網路上擲硬幣，決定該怎麼做。擲出正面就改變；擲出反面就維持現狀。（「正面，節食；反面，照舊大吃巧克力蛋糕和冰淇淋。」）用擲硬幣來作這樣的決定似乎有點瘋狂，但這群人中有許多就是這麼做的。參加李維特這個計畫的有兩萬人，他後來提出了各種各樣的追蹤問題，以了解究竟是堅持現狀的人還是做出改變的人最後比較快樂。[10]

教人驚奇的是，在網上擲出正面硬幣的人做出改變的可能性提升了二五％。更重要的是，事實證明，平均而言，改變是好的。做出改變的人比沒有改變的人要快樂得多。不過由於並非所有的參與者都盲目追隨擲硬幣的結果，因此李維特的研究仍有自我選擇的問題（即處於「改變」和「不改變」條件下的人並非完全隨機）。然而，調查結果顯示，做出改變（辭職或接受新職、離婚或結婚）會大幅提升快樂的感受，甚至在擲硬幣

＊ 在本書中，對特定研究參與者的描述並不只是指個人，而是代表一群人。

六個月後，依舊可以看到這種提升。[11]

需要說明的是，我們並不是建議你分居或辭職！擲硬幣的人原本就已經在考慮要改變。他們可能是因爲不快樂，才考慮改變。這項發現並不是表示如果你對婚姻感到幸福，離婚會更快樂。這項研究也並沒有指出哪種改變最好（例如，也許你需要的改變是去做婚姻諮商）。它顯示的是，**平均而言**，對於你正在考慮想要改變的情況，如果你眞的做出改變，你會比較快樂；「你正在考慮」這項事實，本身就代表你目前的狀態並不理想。

也許最重要的是，這項研究顯示人們沒有做出應有的改變。即使有改變的可能，並且嘗試不同的事物也更好時，人們卻仍錯誤地堅持現狀。無論大事小事，他們都一成不變——去同樣的餐廳，偏愛同樣的度假勝地，讀同樣類型的書，拒絕變化。他們忽略了不同的新事物所帶來的良好「震撼」。

好事分段進行，壞事一口氣做完

事情總有兩面。一方面，你可能做的改變比你應該做的少，因爲你可能對未知感到焦慮，並低估了自己適應新情況的能力；另一方面，你可能會對變化的前景感到興奮，無論是大的（新家！）還是小的（新電視！），因爲你認爲它會爲你帶來長久的快樂，而事實上它只會在你習慣它之前，帶來短暫的歡愉。

在做出改變時，人們考慮到的是改變後立卽的感受，而不是幾個月之後的感受。這代表我們都高估了受歡迎的改變帶來的喜悅，和不快或可怕的改變所帶來的恐懼。

比如我們要一群學生想像他們與情人分開幾週時，三分之二的學生預期在分離後的第二週、第三週、第四週、第五週的痛苦不亞於第一週。[12]換句話說，他們沒有預見自己會習慣分別的痛苦。而這種失誤可能會導致學生放棄爲他們心靈帶來豐富體驗的經歷，例如出國學習一個學期。

預料到自己會習慣化，不僅對於改變人生的經驗很重要。每天你都會因爲忽略了習慣化的力量，而做出一些可能導致更多痛苦和更少快樂的選擇。

舉個例子，假設你必須清潔廁所。要完成這項討厭的任務大約需要半個小時。你願意一口氣把廁所打掃乾淨，還是每清潔十分鐘休息一下？再者，假設你樓上的鄰居馬文正在春季大掃除，惱人的吸塵器噪音響亮清晰。你應該爲馬文泡杯咖啡，讓你們兩人可以從吸塵器的嗡嗡聲中解脫一下嗎？

大多數人對這兩個問題的答案都是「是」。有一百一十九個人被問到是否想要休息一下，暫時擺脫難聞的氣味，還是一口氣完成工作，結束這個體驗時，有九十個人都說：「要休息！」絕大多數——一百一十九人中有八十二人——也表示他們想暫時擺脫吸塵器噪音等令人惱怒的聲音。他們想要暫停休息一下，因爲他們認爲，喘一口氣之後，這個體驗就會不那麼煩人。[13]

這似乎是合理的預測，但卻是錯誤的。當人們眞正聽到吸塵器的噪音時，休息一下的人整體而言受到的影響更大。[14]休息打斷了人們對討人厭噪音的自然習慣化。由此得到的教訓是，如果你需要完成一項不愉快的任務，例如清潔廁所或爲地毯吸塵，那麼最好不要中斷它。一旦你中斷休息，喘口氣再繼續做，氣味就會更重，噪音也會更大，整體而言，你的體驗會更糟糕。避免休息將有助於讓你習慣這個情況，因而減少這類工作的不愉快。

而愉快的經驗呢？想像你去你最喜歡的餐廳吃晚飯，服務生讓你坐在最好的桌前。環境美好，很安靜，所以你可以和伴侶愉快地交談，而桌邊窗外的風景正優美。你喝著葡萄酒，享用開胃的義大利麵。晚餐持續了幾個小時。你願意一直坐在漂亮的餐桌旁，還是到擁擠而喧鬧的餐廳後面去稍作「休息」？

「這是個蠢問題。」你可能會想。如果你處在像這樣一個美好的地方，誰會願意去餐廳後面呢？事實上，九五％的受訪者表示，他們不願意離開舒適的空間去「休息」。[15] 但離開良好的環境去休息一下，會不會和你的直覺相反，反而對你有益？

在好位子用餐令人愉快，但第一個小時所體驗到的歡愉可能會隨著時間的進展而消退。除非……你打斷了體驗。你起身走到餐廳擁擠、吵雜的區域一段時間（可能是去洗手間），這會讓你去習慣化，讓你再次欣賞先前提供你的舒適空間和奢華體驗。這個實驗尚未確切進行，因此我們不確定在一頓愉快的餐飲中加入不太愉快的時刻是否會讓你的經驗重新煥發光彩，但證據顯示有這種可能。例如，與不間斷地按摩的顧客相比，在愉快的按摩中途休息片刻的顧客更能享受這樣的體驗。[16]

雖然人們在正面的經驗中，往往比較樂於一氣呵成，但最好把這些經驗分成幾個部分。[17]以度假爲例。幾年前，塔莉到多明尼加一個陽光明媚的度假勝地出差。她的任務是要找出讓度假者最快樂的是什麼，以及爲什麼。她採訪了人們的經歷，並要求他們塡寫問卷。在記錄資料時，她注意到一個詞一遍又一遍地出現，這個詞是「第一次」。度假的人談到「第一次看到大海」、「第一次在池裡游泳」、「假日雞尾酒的第一口」之喜悅。第一次似乎非常重要。[18]

由於「第一次」通常發生在假期之初而非之末，因此塔莉想知道人們是否在假期開始時最快樂。幸好她合作的大型旅遊公司要求世界各地的度假者評價他們在假期期間的感受，塔莉可以使用這些資料來印證她預測的結果。她分析這些數字後發現，假期開始四十三小時後，度假者的快樂感達到巓峰。[19]到假期第二天結束，在度假者安頓下來之後，他們最快樂。在那之後，一切都走下坡。

需要澄淸的是，大多數人在假期結束時並沒有感到不快。卽使回到家，許多人仍然受益於一些溫暖的假期餘韻。不過不到一週，他們就會又適應了居家生活——工作、上學、支付帳單。七天之內，就已很難察覺假期對他們的情緒有任何影響。

這項證據顯示，在**其他條件都相同**的情況下，一年內幾次小型旅行，而非一次長途旅行，會讓你受益最多。如果度假兩週，你可能到第三天就已經習慣藍色海水和白色沙灘的如畫風光。然而如果你隔幾個月休兩次各僅有四天的假期，你將會兩度體驗到第一天那種「哇！」的美好感覺。你整體的歡愉會持續更久，你會把「第一次」和「餘韻」的體驗發揮得淋漓盡致，更不用說兩次期待美好假期的喜悅——任你想像海灘上的雞尾酒及和煦的陽光。

當然，你需要考慮一些限制因素。如果你把假期分割成小的假期，那麼旅行的總時間會拉長，也可能會讓假期的花費變得更昂貴。但事實未必如此。例如，你可以選擇兩個離家較近的迷你假期，而不是一個遙遠的目的地。一般來說，你該盡可能把這些愉快的經歷分成較小段的經歷；當你坐在餐廳的好位子時，起身去看看後面的喧鬧之處。

但是當你在執行或體驗不愉快但必要的任務時，請一口氣把它全部解決掉。

第3章

社群媒體：如何從科技造成的人工昏迷中醒來

我們人類可以適應很多事物；人們很容易夢遊進入長期壓力和分心的狀態，而沒有意識到事情可以有所不同。

——提姆．哈福特（Tim Harford）[1]

兩年半前，作家兼部落客珊姆．霍斯坦（Sam Holstein）做了她認爲是她這輩子最好的決定。她的選擇並非冒險，如遷往阿拉斯加，擔任飛行員，或加入馬戲團。不，她這個平凡得多的決定只花了五分鐘就付諸實行。而且一旦實踐，她的生活在許多方面都起了改變。在她看來，這個舉動讓她更快樂、更放鬆、更有生產力、更有趣，並且帶來了更豐富的社交生活。[2]

並不是只有珊姆這樣，其他許多人也做出了相同的決定，並述說了類似的效果。以修文·喬杜里（Shovan Chowdhury）爲例。起先修文覺得要做這個改變很困難：「有幾天我無法專心學習……但我決心不再回到以前的生活。我正在適應我的新生活。」[3]他只花了短短的幾週就適應了，他發現自己睡得更好，更少拖延，更常運動，最後也找到了新的工作和熱情。

是什麼神奇的決定改變了珊姆和修文的生活？珊姆和修文決定停用社群媒體，他們刪除了自己在臉書、Snapchat、推特（X）、微信等的帳號。但珊姆和修文的經驗是否具代表性？也就是說，我們大多數人能夠由停用（或暫時離開）社群媒體中受益嗎？如果可以，爲什麼？

卡在你嘴裡的洗牙機

生活中總有一些教人不快但仍必須完成的任務（看牙醫、報稅、打掃廁所）。在上一章，我們建議你做這些事要一氣呵成，讓習慣化減輕痛苦。例如，如果你需要填補幾顆蛀牙，最好一次完成。當你習慣了電子洗牙機的噪音和液體氟化物的味道時，你所承受的痛苦會比分開來一天塡補一顆蛀牙所承受的痛苦要小。

現在想像另一種情況，電子洗牙機永久固定在你的嘴上（我們知道這是不可能的，但請照著我們說的想像）。持續的低度嗡嗡聲日復一日地縈繞在你的腦海中，綿延數月，甚至數年。不論你去上班、去看棒球賽、去吃浪漫的晚餐——全都伴隨著嗡嗡作響的洗牙機。由於習慣化，你可能在一段時間後幾乎不會注意到這種嗡嗡聲。但這個異物多少仍會干擾你的生活樂趣和集中注意力的能力，只是你或許無法確定到底出了什麼問題。

然後有一天，你的牙醫終於決定從你的口腔中取出洗牙機了。這樣做的影響出乎意料，你驚訝地發現，沒有那塊嗡嗡作響的金屬，你的生活變得多麼美好。

正如我們常常不懂得欣賞生活中的美好事物，直到它們被奪走；我們也無法了解持續不斷的刺激物，不論大小，對我們的影響，直到它們不復存在，因爲我們已經習慣了它們。你可能會經結束過一段長期的負面關係，起初你會感到悲傷，但不久之後，你會驚訝地發現自己變得更加平靜和快樂。當你置身這段關係時，你並沒有完全意識到它對你的幸福產生了多麼負面的影響，但在關係結束後，影響就一目瞭然了。

要評估生活中可能對你造成傷害的因素有什麼樣的持續影響，唯一的方法就是擺脫它們。這能讓你去習慣化，並以新的眼光評估這些因素。

社群媒體就是這種因素的典型例子。對我們中的一些人來說，社群媒體就像卡在我們嘴裡持續嗡嗡作響的洗牙機。你可能懷疑它讓你的生活蒙上了陰影，但你不能確定是否眞是如此，以及程度如何，因爲它一直都存在。

擺脫壞的習慣

光是由一些軼事（例如珊姆和修文的故事）就得出籠統的結論是愚蠢的。要了解擺脫社群媒體是否可能改善人們的一般生活，需要進行大量科學研究。幸而已經有人進行了一些這樣的研究，並提供了一些有趣的發現。

假設我們要求你停用你最喜歡的社媒平台帳戶（臉書、YouTube、Instagram、TikTok），你會同意嗎？不會？好吧，如果我們提供你現金作爲酬報呢？仍然不？如果只停用一個月呢？如果要你三十天放棄瀏覽、按讚和轉發，你會要求多少金錢作爲回報——十美元、一百美元、一千美元？還是更多？

這是經濟學家亨特・奧科特（Hunt Allcott）和他的共同作者向二千八百八十四名臉書用戶提出的問題。[4]他們向這些用戶提供金錢，請他們停用帳戶一個月。有些人要求數千美元，研究人員無法負擔。但六〇%的用戶表示，他們願意以一〇二美元或更少的價格停用自己的帳號，這個價格合理，奧科特和他的團隊可以支付，於是他們照辦了。他們的目標是測試排除臉書是否能讓人更快樂。

根據一項估計，能夠上網的人平均每天大約在社群媒體上花兩個小時，每天查看、查看、查看螢幕五十至八十次。[5]全球有四十七億多的社媒用戶。[6]因此你可能認爲這些事實顯示網際網路（包括使用社媒）必然是件美妙的事情。如果人們喜歡某樣東西，還會有什麼問題？經濟學家用「消費者剩餘」（consumer surplus）一詞來表示人們從他們所消費的東西中獲得的收益。由於取用網際網路上大多數美好事物的成本都很低，因此消費者剩餘似乎非常高。

但奧科特並不確定是否眞的如此。人們選擇（似乎是出於自由意志）長時間使用社群媒體，但他們說不定是因爲出於習慣而登入，而沒有意識到這對他們的福祉所造成的影響？

爲了測試這種可能性，奧科特和他的團隊把願意以一〇二美元或更少的錢退出臉書的用戶分爲兩組：「治療組」停用帳戶一個月；「對照組」則否。所有的參與者都要表達他們在停用（或不停用）之前、之間和之後有多快樂。他們也表達他們對自己的生活有多滿意，並回答了其他類似的問題。

不久之後，統計資料就出來了。從各方面來看，停用帳戶的人都更享受自己的生活。不使用臉書的這一組表示，他們更快樂，對自己的生活更滿意。他們比較不會感到沮喪和焦慮。簡而言之，沒有臉書，生活會更好。停用社媒對大多數人的影響就類似珊姆和修文停用臉書的影響。這就像是由口中取出洗牙機，突然間，人們雖然沒有注意但仍然造成破壞的持續嗡嗡聲消失了。

奧科特和他的共同作者計算出，人們因戒掉臉書而增加的快樂感，相當於一般人因年薪增加三萬美元而獲得的快樂感。[7]這聽起來是相當大的增長。

探討使用社媒與快樂感降低之間關係的研究，並不是只有奧科特的報告而已。義大利學者盧卡・布拉吉耶里（Luca Braghieri）主持的一項研究，檢視了在臉書進入大學校園之前和之後，學生心理健康的資料。[8]馬克・祖克柏（Mark Zuckerberg）二〇〇四年在哈佛大學推出臉書。起初，僅擁有harvard.edu電子郵件帳戶的用戶才能使用，這樣做的部分原因是爲了賦予這個平台一種獨家專用的感受。在接下來的兩年裡，臉書慢慢推廣到美國各大學。在哈佛之後是哥倫比亞，接下來是史丹福，然後是耶魯。臉書緩慢但堅定地向許多其他大學敞開了大門。

布拉吉耶里的團隊想出該如何利用這種逐步推出的方式來測試使用臉書與心理健康之間的關係。由於經常有問卷調查記錄美國大學生的心理健康狀況，因此布拉吉耶里只要檢視臉書在各校園推出不久後，學生的心理健康是否退步卽可。確實如此，只要臉書在某個大學提供它的平台，大部分的學生都會建立一個帳號，不久之後，學生群體的心理健康狀況就會衰退；快樂減少，憂鬱症狀增加。受影響最嚴重的學生是外宿生——住在校外、不屬於任何兄弟會或姊妹會的學生，以及體重過重的學生。

臉書於二〇〇八年向公衆開放，在接下來的十年裡，大學年齡人口的憂鬱症事件增加了驚人的八三％！雖然很難確定因果關係，而且我們對任何特定數字都持懷疑態度，但值得注意的是，布拉吉耶里的團隊估計，這個增長中，至少有四分之一是由於社群媒體的使用所造成。[9]

改變適應的程度

爲什麼臉書用戶不用臉書會更快樂？因爲退出這個平台之後，人們平均每天都多獲得約六十分鐘的時間。一位擺脫了臉書的人表示：「我可以讀書和彈鋼琴，在手機占據我之前，我每天都這麼做。」[10]人們把一些新得到的時間花在與朋友和家人共處（有趣的是這些時間都沒有花在其他的社媒平台）。但我們認爲退出臉書之所以讓人們更快樂，還有另一個更深層的原因。這和社媒錯誤地配置了我們對「正常」的看法相關——它改變了我們期望經歷的事物和我們感到驚訝的事物。

就以我們認識的鮑伯爲例。鮑伯住在舊金山的華宅，有可愛的妻子和女兒。他是知名的知識分子（我們更換了他的名字，並更改他身分的一些細節），諸位可能有一些人讀過他的著作，並在推特上追隨他（他有約二十五萬名粉絲）。整體而言，鮑伯滿意自己的生活。然而，每當他登入社媒時，快樂就減少了一點。

原因是什麼？他每次這麼做，都會看到比他更出名的朋友的生活。「我心想，爲什麼我沒有受邀到這個精彩的會議上發表演講？」他疑惑，「爲什麼我就沒見到總統？」雖然我們認爲他的生活和事業非常出色，但在他那些超級成功的同僚面前，卻有些相形失色。

我們很多人都經歷過類似的情況。你可能一大早邊喝咖啡邊登入你最喜歡的社媒平台，看到你朋友費歐娜目前在巴哈馬陽光明媚的海灘上度假，喬琪娜的女兒剛剛被耶魯大學錄取，派翠西亞高價把她的新創公司賣給了谷歌（這些情況雖然很極端，但你明白我們的意思）。「我這輩子究竟在做什麼？」你可能會疑惑。

換句話說，你的**適應程度**發生了變化。所謂適應程度，是指你對某種刺激（例如金錢、愛情、追蹤者）在情緒上已經習慣的程度，因此你對它的體驗會是中性。這個程度主要是由你最近的經驗所決定。[11]

以收入爲例。如果這幾年來，你的年收入大約爲十三萬美元，那麼當你今年再次賺到十三萬美元，就不會感到特別高興或悲傷——十三萬美元就是你已經適應的程度。但如果你獲得升遷，現在年薪為十五萬美元，你就會興奮一陣子。然而，很快地，十五萬美元將成為你的中性點——你的適應程度將由十三萬美元變為十五萬美元。

有趣的是，儘管我們通常假設你的適應程度是來自你直接的經驗，但它也可能由於你個人經驗之外的因素而改變。其中一個因素就是你的期望。[12]例如以下的例子：關在獄中的囚犯說，他們在獲釋前感到特別沮喪。[13]在獄中的最後幾天，他們仍然關在牢房中，但他們的心已經到了柵欄的另一邊。這種心理預期使得他們對「正常」的看法由監禁轉變為自由。但實際上，他們仍然被關在小小的牢房裡。這種差距引發了強烈的負面反應，因此有些囚犯會在刑期結束前幾週做出試圖越獄的非理性決定。[14]

我們認為「不好」、「很好」，或只是「還好」，取決於我們認為別人得到了什麼。研究顯示，你對性生活是否滿意，主要是取決於你認為其他人在他們臥室裡的情況。[15]金錢、服裝、人際關係、房地產——你對自己擁有的事物有多滿意，部分取決於你認為別人擁有什麼。

任何有兩個（或更多）孩子的人都看過這種情況。如果在晴朗的週日早上，你給你的女兒達莉亞兩塊楓糖漿藍莓煎餅，而你的兒子塞繆爾只得到一塊，塞繆爾可能會憤憤不平，恐怕比起你不給兩人任何東西更沮喪。已故的美國最高法院法官安東寧．史卡利亞（Antonin Scalia）有好幾個孩子，他會寫道：

> 作父母的都知道，孩子很容易接受各種任意的實質性安排——下午不許看電視，或晚上不許看電視，甚至根本不許看電視。但在其他兄弟姊妹不看電視時，你讓其中一個孩子看電視，你就會感受到其他孩子爆發的正義感。平等保護條款（Equal Protection Clause）比憲法中的任何其他條款更能體現正義。[16]

在這方面（以及許多其他方面），成年人與兒童並沒有太大不同。我們天生就會把自己擁有的事物與他人擁有的事物（或我們認為他們擁有的事物）做比較和對照，因為這樣做會激勵我們爭取更多，並更加努力。在社會層面上，這將帶來進步（這是好事）。但這也會讓我們很難對我們所擁有的感到滿意。

自古以來，人類就一直會拿自己的生活與他人的生活進行比較。你可以想像你的祖先把他們洞穴的大小和舒適度與隔壁鄰居的洞穴做比較。然而，當今的比較和對照已經達到了全新的程度。首先，我們不會只甘於把自己的生活與鄰居的生活做比較。不，如今我們會拿我們的生活與世界各地各行各業的人，包括富人和名人，一起比較。其次，我們不再拿自己的生活與他人的眞實生活做比較，而是與他人經過大幅度編輯的生活進行比較。

讓我們回到鮑伯的例子。如果沒有社媒，鮑伯（得天獨厚的）生活仍然美好，甚至非凡出衆。但瀏覽社群媒體後，他的參考點發生了變化，現在他的生活似乎沒那麼美好了。諷刺的是，鮑伯對朋友生活的看法並不切實際，它們是基於選擇發布的內容，這是對他們生活事件有偏見的選擇。他們的生活可能並不像網路上顯示的那麼美妙。如果鮑伯的許多朋友（包括看起來似乎特別成功的人）在察看鮑伯的貼文之後，對自己的成就不再那麼興奮，也不足爲奇。

鮑伯多年來一直都在使用社媒平台，因此他並沒有完全意識到這些平台對他的幸福所產生的影響。他並沒有完全明白臉書、Instagram、YouTube和其他所有社媒網站如何改變了他的期望，讓他持續感到輕微的失望。如果鮑伯退出社媒一個月，他可能就會像參與奧科特研究的人一樣：「我的壓力大大減少了……我發現我並不眞的那麼在意（網上〕發生的事物，因爲我更關心自己的生活……我感到更滿足了。整體來說，我的心情比較好。我以爲我會想念大家在社媒上的日常活動……但我眞的一點也不在意它。」[17]不再不斷地追蹤別人，就會撣去塵埃，鮑伯自己的生活可能就會重新煥發光彩〔或者至少看起來「夠好」，而非「不太符合標準」〕。

一個問題

但是有個問題！在奧科特的研究中，人們所感受到的快樂增加確實有其代價。退出臉書的人比較快樂，但他們對政治和新聞的所知也比較少。他們之所以比較快樂，可能部分原因就是因為他們對當今的問題所知較少。人們在臉書上收到的資訊類型〔不僅是新聞，還包括家人和朋友的消息〕雖然可能不會讓他們比較快樂，但確實會讓他們知道他們想知道的事情。

一名退出臉書的用戶表示，他「無法參與〔線上〕對話，或者無法觀察人們在做什麼或在想什麼……我一開始根本不喜歡這樣，感覺很孤立」。[18]即使你最後不那麼焦慮、不那麼沮喪、對自己的生活更滿意，你也可能不想感到被孤立。

因此，儘管奧科特研究的參與者表示，不用臉書後他們比較快樂，但一個月屆滿，奧科特研究的參與者可以重新啟用他們的帳號時，許多人就立刻啟用社媒帳號了。這些人經歷了沒有臉書的生活，使他們平均而言比較快樂，但隨後他們卻直接回到了臉書的懷抱。也許他們想了解自己國家正在發生的事物，即使他們所了解的事情讓他們感到悲傷、憤怒和焦慮。也許他們擔心自己會錯過社交機會和其他職業前景。也或許他們認爲，如果我們生活在無數人都在使用某個平台的社會中，那麼我們就應該繼續使用這個平台。

然而，他們如今所做的選擇，是在更了解的情況下。他們有過「離開」的經驗；他們可以比較脫離社媒生活的損益。有些人決定保持離線狀態，而大多數人決定重新登入。人們在社媒的互動中遭受痛苦卻仍堅持使用的情況並不罕見。我們談的不只是鮑伯那種得知有些人表現得比你更好而受的輕傷。

不久前，塔莉的朋友（姑且稱她爲米麗安）在推特上受到騷擾後，哭著來找塔莉。持續的騷擾對米麗安的心理產生了重大影響。她無法入睡；她無法工作；她的自尊心受到了嚴重傷害。塔莉建議米麗安登出。

米麗安難以置信地回答：「登出？」她睜大了眼睛，看起來很驚慌。儘管這個平台顯然讓米麗安很痛苦，但離開社群媒體，即使只是幾個月，在她看來都沒有考慮的必要。米麗安這種不顧負面後果，每天依舊登入推特數次的強烈衝動，有點像是上癮。

當某種行爲（例如飲酒、吸菸、飲食、運動、在網上發文）會產生持續的衝動，讓人不顧負面影響依舊參與這種行爲，就是上了癮。部分的原因是，「不」做這種行爲會導致痛苦和折磨。也就是說，當米麗安不在推特上時，她會感到焦慮。爲了減少這種焦慮，她登入了推特，但當她讀到惡評時卻感到很糟糕。當米麗安初次加入推特，她並沒有因爲沒有登入推特而受到任何影響。隨著她登入的次數愈多，那種痛苦會慢慢顯現出來，這就形成了惡性循環。她登入是爲了讓自己感覺好一點，但每次登入後，她沒登入時感受到的痛苦就會增加。

如果你經歷過濫用藥物，或曾與濫用藥物的人同住，你可能就已經清楚地看出這是怎麼回事。美國《獨立宣言》的簽署人班傑明．拉許（Benjamin Rush）是成癮問題的研究先驅，曾有酗酒者告訴他：「如果房間角落裡有一桶蘭姆酒，在我和它之間有一尊大砲不斷地發射砲彈，我還是會忍不住穿越那尊大砲，以便得到蘭姆酒。」[19]

有些經濟學家說，如果⑴今天的消費增加了明天的需求（米麗安登入推特愈多次，之後就會登入更多次）並且⑵你消費的數量超過了你希望的數量（當米麗安登出之後，她希望能減少花在這上面的時間），那麼你就是上了癮。[20]第一個條件顯示了一個滑溜的斜坡：你會先從一點成癮物質開始（無論是酒、毒品，還是其他物品），而這導致愈來愈多的消費。你（吸菸、吃巧克力、看TikTok影片）的渴望愈來愈大。但猜猜結果？你對你所渴望事物的享受並沒有增加。

這部分是由於習慣化造成的。在社群媒體上的第一天，你可能會很興奮，甚至驚訝地發現你的貼文獲得了（比如說）十個讚。哇，十個有血有肉的人喜歡你的文字！多麼美妙！但到了第二天，十個讚可能不會有太大的衝擊。你可能需要二十個，或許五十個讚，才能獲得與第一天十個讚相同的情緒提升。由於人們對重複刺激的情緒反應轉弱，因此他們需要愈來愈多的刺激，才能達到同等的快感。這是成癮者有時吸毒過量的原因之一。

第二個條件——你的消費超過了你所希望的量。表示如果你幫助人們減少消費的量，他們就會照做。這正是發生在社媒上的情況——如果你讓人們比較容易遠離社媒，很多人都會這麼做。

想想你自己的行爲。你想減少花在社媒上的時間嗎？有一項研究[21]要求兩千名Instagram和臉書用戶安裝Phone Dashboard，這是一款能讓人們設定螢幕使用時間限制的應用程式。如果願意，他們可以使用這個應用程式。有近八〇％的人使用了這個應用程式，結果他們使用螢幕的時間平均減少了一六％。

安裝這個應用程式後，用戶報告說，他們**比較不會**：

- 使用手機的時間超過原本的預期
- 使用手機分散焦慮或幫助入睡
- 難以放下手機
- 因使用手機而失眠
- 因使用手機而拖延
- 無意識地使用手機

我們得說明，我們並不是說社媒只會產生負面影響，它是一種聯繫、通知和分享的地方。人們當然可以在這些平台上獲得知識、友誼和工作。我們要說的是，對如珊姆和修文這樣的許多人來說，減少使用、以不同的方式使用，或根本不使用某些平台，將帶來更快樂、更有生產力的生活。許多人也有同樣的猜想，他們可能想改變自己的使用方式，以便測試社媒對他們生活的影響。他們需要幫助，才能做到這一點。

質，而非量

關於更多的螢幕使用時間是否對你有害，依然眾說紛紜。我們認爲這樣的爭議錯失了重點：重要的不是螢幕使用時間，而是你用這段時間做了什麼。這不僅僅是你花時間在臉書還是CNN上的問題，而是你在吸收什麼類型資訊的問題。你是否在瀏覽人們的假照片和精心修飾過的分享貼文，還是有關新書或科學發現的貼文？

一個可能很重要的因素是，你是否讓自己接觸到負面訊息。你是否花費數小時閱讀憤怒的推文和引起焦慮的部落格？塔莉和她的同僚克里斯．凱利（Chris Kelly）想了解人們在網路上看到的負面訊息是否會有損他們的身心健康。[22]

他們招募了數百名參與者，要求他們每天上網大約半小時，然後匿名把瀏覽紀錄發送給克里斯。他們也完成了大量評估自己心理健康狀況的測試。克里斯由每個人瀏覽的網站中摘錄內文，並用簡單的演算法計算每個人所瀏覽負面文字的百分比。他發現這個百分比愈大，人們的情況就愈差。

你可能會疑惑：孰先孰後？是心情不好的人去尋找更多的負面訊息？還是尋找更多負面訊息的人最後會感到悲傷和焦慮？爲了了解這一點，克里斯控制了參與研究者所看到的資訊。他讓一些參與者瀏覽情緒中立的網頁，給其他人瀏覽含有大量負面文字的網頁，然後詢問所有人的感受。

一如所料，瀏覽負面網頁的人感覺更糟。克里斯也操縱他們的情緒，並檢查他們隨後選擇瀏覽的資訊。事實上，當克里斯引發人們的負面情緒時，他們會瀏覽比較負面的網頁。這代表：如果你讀到的大部分內容都是負面的，它就會對你的心理造成傷害。而如果你心情不好，你也比較可能會瀏覽大量的負面資訊。

談到瀏覽，重要的不是量，而是質。但你是什麼樣的人也很重要——你對憤怒和恐懼的訊息特別敏感，還是你的適應能力很強？你喜歡和別人比較，還是只管自己的事？不同的人會受到不同的影響。

然而，由於習慣化，很難評估「網路噪音」如何眞正影響你的生活。要分辨連續不斷的事物造成的影響很困難。我們可能不會注意到背景開著的電視所造成的干擾，直到有人突然把它關起來。修文表示，在他改變使用社媒的習慣後，他感到「很驚訝，分心的情況減少了」。[23]要了解這種影響，唯一的方法是改變你的使用模式，並以較少或不同的使用方式來實驗。你同樣也可能會對接下來的結果感到驚訝。

第4章

韌性：健康心靈的必要成分

韌性是我們由人生挑戰和不可預見的困難中恢復的能力，爲情緒和精神障礙提供心理保護。

——麥可．魯特（Michael Rutter）1

請加入我們的心理練習。下面有一張事件表，你的任務是想像這些事件發生在你身上。其中有些事件令人愉快；有些教人傷心欲絕；有些則教人有點不愉快。你先前可能經歷過其中一些事件，日後也可能經歷其他的事件，也有些事件永遠不會發生在你身上。

接著我們開始：

1. 你愛上了一個偉大國家的皇帝或女皇。你們舉辦了一場奢華的婚禮，之後你加入王室。
2. 你離婚了（不是與你的王室伴侶離婚，而是與你現在或未來的配偶離婚）。
3. 你的老闆對你的表現不滿意，教你捲了鋪蓋。
4. 一場致命的流行病席捲全球。你發現自己遭到隔離，被困在家裡。你不知道這種情況會持續多久，也不知道接下來會發生什麼事。
5. 你參加考試，獲得比你預期低很多的成績。

對於上述每件事，揣想一下，如果它發生在你身上，你會有什麼感覺：非常糟糕，有點糟糕，還是很好？你認為這些事件會對你的情緒產生多長時間的影響：一小時、一天、三個月、十年？

我們有大多數此類事件的資料，知道通常需要多長時間，才能由糟糕的成績、離婚、失業，和致命的流行病中恢復過來。我們也有一個關於成為皇室成員的案例研究。你很快就會發現，這些數字令人驚訝且有趣。但我們要關切的不是通常的典型，而是

「非」典型。我們將由清單中最輕微的項目開始談：得到不太好的成績。

過度咀嚼

如果你是學生家長，可能就知道大多數學生都非常關心成績。如果你自己是學生，你可能會在拿到A時感到高興，而在被當（或者拿到D或C）時感到難過。問題是——持續多久？你的孩子（或你）會因成績而受到多久的影響？

邁阿密大學心理學教授亞倫．海勒（Aaron Heller）著手衡量成績對學生情緒的影響。[2]他招募了數百名大學生，並（徵得他們同意後）在整個學期裡向他們發送訊息，詢問他們的感受。有些日子他們感覺很好（也許他們在海灘上玩了一天）；其他日子他們有點難過（也許他們想家）。亞倫針對每一個學生，算出一個基本的情緒（即這個學生整個學期的平均感受）。

考試之後，學生登入系統，確認分數。有些學生發現他們的成績很好，有些則發現他們的成績低於自己的期望。不論如何，他們立即按照亞倫提供的量表，報告了自己當下的情緒，並在接下來的八小時內，每四十五分鐘持續回報一次。

馬丁和羅納德參加了艾倫的實驗，他們的成績都是八十五分。你可能認爲八十五分是不錯的成績，但馬丁和羅納德可不這麼想。和亞倫大多數的學生一樣，馬丁和羅納德也雄心勃勃，如果拿到九十五分，他們會感到滿意，但八十五分卻教他們很失望。馬丁和羅納德的基本情緒程度不同；馬丁通常都比羅納德快樂。但在收到成績後，兩人都表示，在以一到七來計算的量表上，相對於他們的基本情緒，兩人的情緒都足足下降了半個百分點。

你可能已經猜到，負面的影響並不持久。在考試成績揭曉後不久，習慣化開始發揮作用，他們的情緒開始回升。但在這時，馬丁和羅納德出現了差異。馬丁在短短三個小時之內，就恢復到了正常的基本情緒程度，而羅納德花了八個多小時才恢復過來。是什麼使馬丁和羅納德之間產生差別，讓其中一個恢復「正常」的時間還不到另一個的一半？

馬丁和羅納德同年；他們來自相似的社會經濟背景；他們都有支持他們的家人和朋友。他們倆都打算上醫學院，也同樣在意自己的成績。然而，他們兩者之間有一個重要的區別：羅納德患有憂鬱症，而馬丁從未經歷過任何心理健康問題。

亞倫發現，羅納德這類患有憂鬱症學生的情緒恢復速度，比馬丁這類的健康學生要慢。雖然兩個人最後都能夠習慣，但有憂鬱症狀的學生習慣的速度要慢得多。*有趣的是，**在一開始**，成績不佳對憂鬱羅納德的影響並不比對健康馬丁的影響大。憂鬱症的影響是隨著時間的進展而顯現出來——憂鬱症對人的復原能力造成了傷害。問題在於：爲什麼。

一個可能的答案是反覆思考，在精神上一遍一遍又一遍地「咀嚼」某個想法。就像牛反芻食物，把先前咀嚼過的食物由胃裡倒流出來再次咀嚼，你可能會在心理上消化負面事件（例如失敗的關係、不成功的工作面試，或在體育賽事中失利），結果再度回想它，再度沉淪其中。

羅納德沒辦法不去想他的成績，他一直擔心這會影響他進醫學院的機會。他懷疑自己是不是不夠聰明。羅納德不僅思索成績的時間比馬丁更長，而且每次想到它時，他都會誇大情況的嚴重性。結果，他的情緒需要更長的時間才能恢復。

反芻思考是憂鬱症患者的典型特徵。[3]許多心理學家認爲它是**造成**憂鬱症的原因。也就是說，無法擺脫有關失敗、傷心或輕微失望的侵擾性想法，會導致憂鬱。馬丁也會花時間思考他的成績為什麼不太好，以及下次他可以在哪些方面做出改進。但他更快地把注意力轉移到其他地方——與女友蘿倫的晚餐計畫、下週得交的化學作業、游泳隊的訓練，這些念頭排除了成績的影響。

我們曾請教一位感情大師：如何停止愛上錯誤的人。她回答：「只有一種方法：愛上別人。」

從蟲眼的角度來看

讓我們放下小小的失望，來看重大挫折。我們名單上的第四項——全球大流行疫病。還記得二〇二〇年三月嗎？我們和其他許多人一樣，電子郵件如潮水般湧來，宣布許多場所和活動因新冠疫情大流行而關閉和取消。就像其他許多人一樣，我們感到壓力

＊ 憂鬱症並非以全有或全無的情況來評估，而是學生自述的憂鬱症狀愈多，他們所需的適應時間就愈長。

和焦慮。我們獲得指示，收拾好東西，離開大學辦公室。（凱斯的助理問他這是否只是短期的措施，凱斯向她保證應該是。錯誤的判斷。）我們原先計畫要參加的會議和活動都取消了，小孩（兩人各兩個孩子）的學校也關閉了，我們收集了很多罐頭食品（也許還額外添購了一些衛生紙）。

我們也想知道強制的封鎖和隔離是否會讓人們感到痛苦。如果這些嚴重舉措損害了人們的心理健康，那麼某些政策可能需要重新考慮。塔莉和她的同事蘿拉・格洛比格（Laura Globig）和巴斯蒂安・布萊恩（Bastien Blain）決定嘗試量化這種情況對人們的影響，希望讓政策制定者和其他人了解潛在的傷害。

他們花了幾週時間進行一項調查，到二〇二〇年三月下旬，他們獲得了美國人口的大量代表性樣本資料，一如預料，這些資料顯示人們的壓力顯著增加，快樂感下降。然而這些變化比預期要小。短短幾個月後，他們再度對同樣的個人進行調查。令人驚訝的是，快樂的程度已經反彈到大流行前的水準！[4]

這並不是獨一無二的研究。一項又一項的調查顯示了人類精神令人難以置信的恢復力。[5]在每一個樣本中，人們恢復活力所需的時間略有不同，但所有樣本都可以觀察到某種形式的習慣化。你顛覆了人們的世界，把他們鎖在家裡，用疾病與死亡威脅他們，結果……他們習慣了。從鳥瞰的觀點，即使在疫病大流行期間，人類也表現得很好。

但我們不想鳥瞰，我們想要以蟲眼的角度來看。我們不想關注主流，而是要關注落後的人。像羅納德這樣患有心理健康問題的人該如何應對？

爲了回答這個問題，我們請教了英國研究員黛西・范考特（Daisy Fancourt）博士。二〇二〇年三月疫情初爆發時，黛西立即採取行動。和世界各地數百名其他行爲科學家一樣，她也進行了一項調查來衡量人們對這場大流行病的反應。[6]她想知道人們的感受如何？他們遵守政府的命令嗎？他們同意政府的政策嗎？她想知道他們的答案是否取決於他們的政治觀點、人口組成、心理健康、身體健康、家庭狀況等。

黛西和大多數其他研究人員不同，她設法對英國約七萬人進行了調查，並且在整個大流行病期間，每週都繼續這樣做，[7]數年後仍然堅持不懈。因此，黛西擁有回答我們問題所需的資料：有心理健康問題的人適應新世界的情況如何？

黛西的資料與亞倫的資料驚人地相似。爲了說明這一點，讓我們聚焦在黛西的兩位受訪者：雪莉和維洛妮卡。二〇二〇年三月二十三日，英國首相鮑里斯・強森（Boris

Johnson）宣布英國實施第一次封鎖。他命令民眾居家避疫。雪莉和維洛妮卡都是單親媽媽，兩人都得努力在倫敦不到三十坪的公寓裡應付在家遠距上學、無聊的孩子，以及Zoom的視訊會議。在黛西的問卷中，她們都表現出生活滿意度下降。

兩週後，當黛西確認她們的狀況時，兩位女士的情況都已經好轉。然而不同之處在於，維洛妮卡的情況只是比先前稍微好一些，但雪莉的表現卻要好得多。維洛妮卡和雪莉之間有什麼不同？正如你可能猜到的，差別在於她們的心理健康史。早在疫情爆發之前，維洛妮卡就被診斷出患有心理健康的問題。雪莉則從沒有嚴重的心理健康問題。

黛西的資料顯示，本來就有心理健康問題的人，在適應「大流行病的生活」方面尤其困難。在大流行病爆發之初，無論心理健康史如何，疫情對人們生活滿意度的影響都是相同的。最大的差異是在封鎖開始不久後出現。像雪莉這樣從未被診斷出患有心理健康問題的人表示，他們的生活滿意度在首相宣布全國進入緊急狀態僅僅兩週後（！），就有巨幅的提升。相較之下，像維洛妮卡這樣患有心理健康問題的人，最初只體驗到略微的改善。

我們不確定雪莉的快樂感爲什麼在短短兩週內可以提升得如此之多，但我們可以做出合理的猜測。首先，雪莉可能改變了她的環境，使它變得更加「適合流行病時使用」。也許她重新整理安排，讓她自己和孩子們在家過得更舒服。塔莉和她的同僚發現，大多數人都報告說，他們的生活情況在疫情後有所改善，因爲他們對自己的環境做了改變以便適應。雪莉可能已經找到了適合她的新時間表，並且已經學會如何操作Zoom、Google Classroom，以及在家工作和學習所需的其他工具。也許她想出了一些有趣的居家活動讓家人參與。（有趣的事實：在疫情流行期間，「如何製作香蕉麵包」和「如何製作雞尾酒」的搜尋量激增。）也許她的思緒不再被最壞的情況占據。

這些類型的適應力對雪莉來說並不罕見。離婚後，以及幾年前遭裁員時，她也做出了類似的反應。平均而言，人們需要兩年的時間來適應離婚等重大的生活變化，之後人們往往會再次達到幸福的基本水準。[8]

至於維洛妮卡，她終於做出一些改變，以適應政府的限制，但她改變得很慢，因此受苦的時間更長。直到二〇二〇年六月，學校和商店終於重新開門，太陽從灰色的雲層後面探出頭之後，她的快樂感才出現顯著的改善。

我們不知道維洛妮卡爲什麼會經歷心理健康問題，但我們可以再次大膽猜測。研究普遍指出這是因爲先天與後天因素的結合。[9]也就是說，某些人對壓力源（例如流行病、離婚、成績不佳）天生就具有遺傳敏感性。當他們經歷逆境（例如失去親人），會引發強烈反應，導致一連串症狀。

要支持維洛妮卡和其他像她一樣的人，方法之一是在動盪時期爲他們提供更多的資源。疫情期間，各國政府透過振興經濟的紓困補助金、稅收優惠和兒童照護等方式幫助國民。他們在決定如何分配這些資源時，會考慮不同的因素，例如收入和婚姻狀況。在英國，學校在封鎖期間保持開放，爲重要工作者的孩子提供服務。

黛西以及其他類似研究的資料顯示，分配資源時要考慮的關鍵因素是心理健康史，因爲面臨心理健康挑戰的人很難習慣和適應。

雅子皇后與大流行後的焦慮

隨著新冠疫情緩和，許多人困惑地發現他們並沒有覺得快樂，反而感到焦慮。這種情緒非常普遍，因此精神科醫師創造了一個新術語來描述它：「後疫情焦慮」（post-pandemic anxiety），意思是因恢復「正常生活」的前景而經歷的焦慮。[10]先前已經習慣在辦公室上班，無法想像在家裡度過這麼多時間的人們，現在幾乎無法想像在辦公室工作，部分原因是他們已經習慣了在家工作。

在疫情期間，我們全都習慣清醒的時間都在同樣的四面牆內度過，頂多只和少數人互動。通勤、聚會、旅行和外出用餐都已成爲過去。先前輕而易舉的事，例如每天早上起床，把舒適的運動褲換成深藍色西裝，現在卻會帶來壓力。從前我們充滿期待的事物，例如假期或音樂會，突然變得難以承受。我們花了幾個月的時間來習慣「疫情生活」，並調整我們的日常作息和期望。因此，改變的前景再度讓人們充滿了恐懼。改變是困難的，因爲它讓我們感覺自己好像失去了控制。即使是教人嚮往的改變亦然。

想想日本雅子皇后的故事。[11]一九八六年，二十三歲的法學院學生小和田雅子參加了爲西班牙盧戈公爵夫人舉辦的茶會。那次的聚會永遠改變了她的人生。與會者之一是日本德仁皇太子。宛如現實生活中的童話故事一般，皇太子立刻就被聰穎的雅子迷住了，並展開追求，最後他們結爲連理。

顯然，與皇室成員結婚，人生必然會有天翻地覆的變化，雅子的情況當然也不例外。在搬到東京學習法律之前，她在美國麻州就讀高中和大學。她發現要由美國的現代生活適應王室的古老傳統極爲困難，在公衆面前亮相則需要更進一步地調整壓力。

有些處於雅子處境的人終會習慣，但雅子卻沒有。最後她被診斷出患有適應障礙。大約一二%的人會遭受這種症狀的困擾，個人會因生活的重大變化（無論好壞）而感到悲傷、絕望和不知所措。[12] 諷刺的是，即使是正面的事件，比如獲得理想的新工作、經過長期和癌症對抗後擺脫病魔康復，和墜入愛河，也全都可能引發情緒波動。儘管雅子皇后加入皇室幾十年，卻始終沒有康復。

雖然無法習慣是適應障礙症的典型特徵，但它似乎代表了幾乎所有的心理健康問題。儘管這種失敗有不同的面具，會產生各種症狀，但它的基本問題是各種心理健康狀況所共有的。

一次一隻鳥

我們已經看到，患有心理健康問題的人——例如羅納德、維洛妮卡和雅子皇后，在適應無論好壞的人生變化（例如全球大流行疫病或王室婚姻）和特別的生活事件（例如成績不佳）方面，特別困難。但是有心理健康狀況時，崩潰的並不是只有情緒上對正面和負面事件的習慣化而已；其他形式的習慣化也會失效。

想想以下的例子。正如前面的章節中所提到的，當你的大腦感知到持續的刺激時，隨著時間，大腦對它的反應會愈來愈少。總體而言，這樣的反應是好的，因爲藉著忽略不會改變的事情，可以釋放資源，專注於潛在的重大事件。

比如人的面孔。當你觀察一張受驚的臉時，你的大腦就會做出反應。一般來說，臉孔，尤其是傳達情感的臉孔，是很突出的。它們通常包含重要的資訊：這個人是生氣還是歡喜？悲傷還是漠然？這張臉可能會提出需要回答的問題：爲什麼這個人會害怕？或許我也會有危險？

所以你的大腦會做出強烈反應是有道理的，它發出訊號：你面前的事物很重要。但如果同一張臉孔在幾秒鐘後再次出現，你大腦的神經活動就會減少，再下一次會更加減少。[13]這是因爲一旦訊息經過處理，就沒有理由再做反應。但在思覺失調症患者身上，沒有這樣的習慣化。他們會一次一次又一次地觀察同一張表達情緒的面孔，每一次他們的大腦都會像上一次那樣做出強烈的反應，[14]就好像每一次都在重新處理訊息一樣。

不僅僅對臉孔如此，研究人員觀察到患者對一連串其他刺激的反應也有類似的現象。[15]思覺失調症患者也發現他們很難忽視持續的聲音，例如街頭的喧鬧聲或辦公室的噪音。與大多數人不同，他們聽覺皮層中的神經元無法隨著時間進展而降低對重複聽覺刺激的反應，例如其他人的喋喋不休或警報聲等，這些聲音會使注意力難以集中。

這一切都顯示習慣化對於良好的心理功能十分重要。我們並沒有停下來思考大腦神經元的這個重要特性，然而這種能力一旦受損，就會出現一連串的問題，從憂鬱症、思覺失調症到恐懼症。

例如，我們的同事莉娜就害怕鳥類，鴿子、藍鴝、蜂鳥——她全都害怕。當這些小生物朝她的方向靠近時，她會尖叫逃跑。鳥類恐懼症是她唯一的怪癖，但這會造成問題。她懷疑希區考克的經典電影《鳥》（*The Birds*）是造成這個毛病的原因。從很小的時候起，兇暴的鳥類攻擊蒂比・海德倫（Tippi Hedren）和羅德・泰勒（Rod Taylor）的景象就永遠地印在她的腦海裡。

雖然鳥類恐懼症相對稀少，但依舊很常見，因此它有一個專有名詞：恐鳥症

（ornithophobia）。顯然，有許多知名和才華橫溢的人士和莉娜同病相憐，包括露西・鮑兒（Lucille Ball）、英格瑪・伯格曼（Ingmar Bergman）、史嘉蕾・喬韓森（Scarlett Johansson）和大衛・貝克漢（David Beckham）。[16]一如所有的心理健康問題，恐懼症是不分名聲和財富的。

莉娜的做法和大多數恐懼症患者一樣——她盡力避免接觸恐懼的根源。她住在倫敦，但她總是避開有數百隻鴿子群聚的特拉法加廣場（Trafalgar Square）。她從沒有觸碰過鳥類，也從不再看希區考克那部經典的恐怖電影。

問題就在這裡。因爲莉娜避免近距離接觸鳥類，所以她幾乎沒有機會適應。要習慣化，你必須要一次又一次地面對恐懼的根源，無論是鳥、高處、蜘蛛，或公開演講。只要沒有發生災難的情況（例如，一隻鳥啄出你的眼睛，或者有人對講台上的你扔番茄），你的恐懼就會隨著時間的進展而消退，當你想到或確實遇到恐怖的物體時，你所感受到的壓力就會減輕。

問題是患有恐懼症的人總會盡力避免恐懼的根源。（憂鬱症患者也常運用相同的策略，他們總是避免可能導致失望或引發焦慮的情況，例如主動開始社交互動或申請工作。）這通常會干擾他們的日常作業。這時就是暴露療法（exposure therapy）的用武之地。[17]暴露療法是對恐懼症和強迫症（通常和細菌恐懼症有關）最常見的治療，這種療法的目標是讓你接觸感到恐懼的事物，以達到習慣化的目的。關鍵在於控制接觸的程度，採取漸進（一次一隻鳥）的方式，並且在感覺安全的環境中進行。

對莉娜而言，這可能表示她首先要反覆觀看鳥類的影片，直到不再產生強烈的恐懼。接下來，莉娜可能會嘗試與一隻關在籠中的鳥待在同一個房間。一旦她通過了這項挑戰，她可能會嘗試靠近由另一個人握在手中的鳥。以此類推，一次一小步，直到她終於能自在地觸摸一隻鳥。

就莉娜的情況來說，恢復習慣化對於抑制恐懼症是必要的一步，而在羅納德的例子中，恢復習慣化則對克服憂鬱症攸關緊要。對許多與莉娜和羅納德有類似問題的人而言，原則是一樣的：無法迅速地適應人、聲音和事物，可能會讓人感到害怕和無助。然而，正如我們即將看到的，雖然無法習慣化可能會導致某些人出現心理健康的問題，但它也可能會爲其他人帶來創造力以及驚人的創新思維。

PART

2

思考與信念

THINKING AND BELIEVING

第5章

創造力：克服思考的習慣化

> 沒有改變，就沒有創新、創造力或改進的動力。
>
> ——C・威廉・波拉德（C. William Pollard）[1]

迪克・福斯貝里（Dick Fosbury）覺得身為青少年的自己很沒用。他是美國奧勒岡州梅德福高中（Medford High School）的學生，熱愛運動，卻沒有什麼擅長的項目。高中時，他渴望加入美式足球隊，但因身材太瘦弱而被打了回票，於是他嘗試加入籃球隊，但被告知球技不夠好。於是他加入了田徑隊，可是在那裡，他也很難找到適合自己的項目。最後他選擇了跳高，但又跳不出五呎的成績——這是許多高中田徑比賽的最低合格標準。福斯貝里知道，如果他想要——用他自己的話來說：「首先，停止失敗，其次，留在田徑隊中」，他就必須做出改變。[2]

如果你今天觀看跳高比賽，就會看到選手沿著J字形的路線跑向橫桿，然後背對橫桿面向天空一躍而過。這種技巧稱爲福斯貝里式跳高（Fosbury flop，背向式跳高），以發明者福斯貝里的名字爲名。然而在一九六〇年代初，福斯貝里還在上高中時，所有的運動選手都是面朝前方跳的，[3]大家都這樣做，沒有人想到採用不同的方式，直到福斯貝里出現。

大家都嘲笑他。他們認爲福斯貝里式跳高很荒謬，認爲他會扭斷脖子。「沒有多少人把他當回事，」隊友法蘭克·托斯（Frank Toews）說。[4]沒有人像他那樣跳高。

但福斯貝里卻是最後的贏家。一九六八年，他在奧運會上贏得跳高金牌。正如他的大學朋友說的，「人人都在談革命，卻有一種模仿抄襲的從衆心態；一個人把頭髮留長了，其他人也都一窩蜂跟著留長髮。但他有眞正不同的東西。福斯貝里是我所見唯一眞正的革命者。」[5]

當你觀察人們一遍又一遍以同樣的方式做同樣的事情，你的大腦就會停止記錄他們的行爲；它停止回應。也就是說，你已經習慣化了。你預期人們開車時坐在前座，不開車時坐在後座；腳上穿鞋，手上戴手套；用湯匙而不是叉子吃冰淇淋。因此，當人們做這些事情時，沒有什麼需要處理的。你的大腦中沒有引起你注意、讓你思考的「驚奇」信號：「嘿，也許我們可以用不同的方法做事？」

但偶爾會有人想知道，我們一直以來採取的方式是否是唯一的方式、最好的方式。有人會想：「嘿，也許人類不僅可以在地面上旅行，還可以在空中旅行？」或者「嘿，也許我們可以在網上而非在實體店銷售？」或者「嘿，也許你面朝上而不是朝前，可以跳得更高？」問題是：是什麼使得一些人擺脫現狀的習慣，而最後能夠創新？

部分的答案在於需要。如果福斯貝里擅長向前跳高，他可能不會去想其他的跳高技巧。但標準的跳高方式對福斯貝里沒用。幸好他的挫折感與雄心結合，促使他思考自己是否可以用與其他人不同的跳高法，以及該如何做。從某種意義上來說，福斯貝里的失敗導致了福斯貝里式跳高的成功。但需求只是一個開始，而且光是需求遠遠不夠。

一九六〇年代初已經是跳高運動的改變時期，甚至在福斯貝里發明革命性的背向式跳高之前。首先，當所有的運動員向前跳時，他們採用兩種不同的技巧：跨越式和剪式，兩種方法截然不同。[6]跳高領域的這種多樣性，顯示可能有不止一種解決之道。其次，跳高選手的實體環境也在改變。當時所用的鋸末、沙子和木屑的著陸表面，由三呎厚的軟泡棉橡膠取代。較柔軟的新表面使選手可以仰面著地而不受傷。

福斯貝里需要這些改變，但除了這個實際的層面之外，著陸表面的變化本身就可能會鼓勵福斯貝里對跳高進行不同的思考。

為改變做好準備

像一塊新的落地泡棉墊這樣小的改變，怎麼能促進創新的思維？實驗證明，即使是微小的變化也有能力發出需要應對新情況的信號，進而觸發習慣的改變。因此人們比較可能會重新思考現狀。例如，人在移居到一個新的國家後，會更擅長解決創意拼圖，[7]應該是因為需要處理全新的環境使人的思考更靈活之故。這種心理轉變適用於生活的各個層面，包括解拼圖。

但你不必搬到另一個國家才能享受創造力的提升。適度的改變，例如在電腦前坐一陣子之後去跑步，也會有幫助。大量的文獻都指出身體活動與創造性思考的關係。*8 大多數人認爲身體的活動可以提高創造力，是因爲它可以改善情緒，但這並不是完整的原委。

凱莉．曼恩（Kelly Main）主持的一連串實驗顯示，[9] 活動本身和主動的變化（例如，從坐下到步行或從步行到坐下）可以增強創造性思考，因爲它可以讓大腦適應變化。爲了測量創造性思考，凱莉要求志願者完成兩項任務之一。在其中一項任務中，志願者被分配到一組三個單字，並且要找出第四個單字，可以和這一組的每一個字創造出一個複合字詞。例如，如果我們給你單字cup、fingers和peanut，你可以舉出butter作爲第四個字（可以組出buttercup金鳳花、butterfingers笨手笨腳的人、peanut butter花生醬）。

這裡還有一些範例可供你嘗試：

1. sense、courtesy、place
2. political、surprise、line
3. dream、break、light

4. flake、mobile、cone
5. river、note、account**

在這項任務上表現出色的人，在其他創造力指標上往往得分也較高。但凱莉和她的團隊不僅僅用這項任務來衡量創造力，他們也要求志願者想出家居用品不尋常的用途。例如，想想空紙巾捲不常見的用途，比如你可以把捲筒插入靴子，以便保持靴子存放時的形狀，或者你可以用它們來存放橡皮筋。想出許多不尋常用途的人往往在其他的創意任務上得分也更高。

凱莉實驗的關鍵在於，一群志願者是坐著完成任務，而另一組志願者則由坐下變爲步行，然後又回到坐下。凱莉發現，一直坐著的那組人提出的不尋常物品用法和複合

* 請注意，雖然相關文獻的統合分析顯示兩者之間有關係，但影響的程度很小。

** 如果你對上述單字三元組常見的答案感到好奇，它們是 1. common；2. party；3. day；4. snow；5. bank。

字詞答案較少。她以不同的參與組重複了三次實驗，三次都得到這樣的結果。更有趣的是，她發現在人們開始走路後不久和坐下後不久，創造力的提升最顯著。這顯示改變本身可能會提升創造性思考。[10]

值得注意的是，隨著志願者習慣了自己的狀況，久而久之，創造力的提升逐漸減少。也就是說，步行一開始會提高創造力，但如果人們繼續步行，就會習慣化，創造力就減弱了。平均而言，人們開始步行後，創造性思考的提升會持續約六分鐘。一旦人們坐下來，創造性思考就會再次提升，但會在習慣化之後再次消退（這一次是在習慣坐下之後）。[11]

這並不是全部。僅僅期待改變，就足以激發創造性思考。當這些科學家告訴志願者，他們很快就會改變他們的活動時，研究人員觀察到志願者的創造力分數增加。凱莉和她的團隊認爲，這是因爲當人們預期變化，他們的心智會做準備來因應以不同方式處理資訊的需求，因此產生更靈活的思維。[12]

請注意，凱莉和她的團隊發現的影響相對較小。然而，即使創造力小幅提升，也可能會幫助我們更接近那個難以捉摸的「我發現了」時刻。因此，起身去散個步或慢跑可能是個好主意，或者偶爾改變一下你的工作環境，從辦公室到廚房再到咖啡店，然後再返回，這樣的變化也可能有效。

習慣化遲緩的價值

凱莉的研究顯示，變化會提升創造性思考，而習慣化則會減少創造性思考。那麼，是不是愈慢習慣化的人就愈有創造力？在鑽研創造力這方面有許多著作的心理學家雪莉．卡森（Shelley Carson）認爲很有可能。[13] 習慣化遲緩可以使人看到其他人不再看到的事物，因此發現改進的機會。

大多數人很快就會對接下來發生什麼、何時、爲什麼以及如何發生產生預期。他們能夠快速對周圍的世界產生心理模型。但如果你對事情應該如何演變的假設比較少，就比較會接受新的可能性。科學家先前就曾經提出這種觀念的不同版本，只是尚未經過適當的測試，因此雪莉和她的同僚決定測試看看。

雪莉的第一步是指定一組她稱爲「傑出的創意成就者」的人，這些人對某個創意領域做出了重大貢獻，例如，擁有獲得專利的發明，或出版著作，或舉辦過個人藝術作品展，或售出音樂作品，或因科學發現獲得國家級的獎勵，或其他類似的成就。她會把這些傑出的「創意成就者」與不具備這種資格的人做比較。

接下來，雪莉給兩組人同一項任務，以測量他們習慣化的速度。有點類似以下的情況：想像一下你接受了我們的建議去慢跑。你喜歡在跑步時聽音樂，因此你戴上耳機，並播放「起身運動」歌曲清單。你用跑步應用程式來監控自己的速度和跑步的距離。每五分鐘，音樂的音量就會調低一級，然後一個單調的聲音會說出類似如下的報告：「距離：四．六哩；平均速度：每哩九分三十二秒。」這種情況一次又一次地發生。報告的距離每五分鐘改變一次，平均的速度也可能改變，但聲音是一樣的，語氣是一樣的，句子的結構——也是一樣的。由於這種重複性，許多人不再關心這些資訊。他們的大腦過濾了高度可預測的聲音，無法將確實的距離和速度聽進去。

雪莉並沒有要求人們使用跑步應用程式，但她採用的任務與上面的場景類似。首先，她一次又一次地向志願參與者播放相同的聲音。由於習慣化，在重複幾次後，大多數人就會停止處理聲音的訊息，就像他們停止聽進跑步應用程式所產生的話語一樣。接下來，雪莉加入一個轉折。類似下面這種轉折：想像當你慢跑時，你遇到了朋友喬琳。喬琳也出來跑步，你們決定一起慢跑。

喬琳沒有跑步應用程式，因此你答應與她分享每五分鐘的平均速度。但你的大腦不斷過濾掉應用程式的聲音，所以你未能向喬琳報告速度。如果你是「快速習慣化者」，你會表現得比較糟；如果你是「緩慢的習慣化者」，你會做得比較好。

雪莉加入的轉折原則上是類似的。她配合聲音向參與者展示了簡單的圖像（例如一個黃色圓圈），並確認他們是否會注意聲音和圖像之間的關聯。也就是說，參與者必須了解哪種聲音與哪種圖像，以及按什麼順序配對。雪莉讓一些參與者（「創意者」和「非創意者」的混合）在先前沒有聽過聲音的情況下完成了關聯性問題，而其他參與者（「創意者」和「非創意者」的混合）則先完成了習慣化的任務。藉著比較預先聽過聲音的「創意者」表現，與未預先聽過聲音的「創意者」表現，雪莉就可以測出習慣化對「創意者」這組人的影響。她對「非創意者」也做了同樣的測試。

她發現，與非創意者相比，創意者受重複性的影響較小。也就是說，儘管一遍又一遍地聽到相同的聲音，創意者仍然留神並注意，足以完成關聯性任務。[14]

這是否代表創意者習慣化的速度比較慢？或許，他們在需要時，會更快地「擺脫」習慣？或許，兩者兼而有之？雪莉的研究無法直接回答這些問題，但其他直接研究生理習慣的科學家發現，比較有創造力的人確實對聲音表現出較少的生理習慣（藉由皮膚電導反應〔skin conductance response〕測量的結果）。[15]這似乎顯示未能習慣化確實與創新思維有關。

在上一章，我們談到一些研究發現有心理健康問題的人無法習慣化。例如患有思覺失調症的人對聲音的適應也很慢。雪莉認爲，對某些人來說看似缺陷的事物，最後可能會成爲其他人的優勢。無法過濾掉看似不相關的資訊可能會導致各種困難（例如無法集中注意力），但它也可能提供大量資訊，供大腦使用和重新組合，轉化爲不尋常和原創的想法。雪莉認爲後者對於高智商的人尤其正確。[16]爲聰明的頭腦提供看似不相關資訊的隨機組合，偶爾就會冒出一個絕妙的新點子。

打破常規

我們不知道福斯貝里是否是遲緩的習慣化者，但我們確實知道他可以獲得不尋常的訊息組合，對他的創新舉足輕重。福斯貝里成功的一個關鍵是，除了身爲運動員之外，他還是工程系學生。他的力學知識使他能夠讓背向式跳高達到完美的地步。

福斯貝里結合了工程理論與身體練習，花了兩年的時間慢慢地發展出他不尋常的跳躍方式。首先，福斯貝里發現，如果弓起背部，身體在越過橫桿上方時，他的重心會保持在橫桿下方。其次，他徹底改變了跑向橫桿的方式。他不像其他人一樣向前衝刺，而是斜向衝刺。不管橫桿的高度如何，其他人起跳時都在同一個位置，而福斯貝里則在橫桿提高時，把起跳的位置移得更遠。這個技巧增加了他的「飛行時間」，也是他成功的關鍵。

這與平常有很大的不同。大多數跳高選手都在距離跳高桿約一呎的地方起跳，但福斯貝里在嘗試跳過很高的橫桿時，起跳點卻可能距離跳高桿四呎遠。許多教練都認爲福斯貝里瘋了。他的一位高中教練告訴另一位教練：「除非他放棄這種無論你怎麼稱呼的可怕方法，否則他永遠不會成爲跳高選手。如果我們教他跨越式跳法，他也許可以進入地區分組。但像這樣——就不可能了。」[17]

新思維和眞正的原創性往往來自某種意義的局外人——也就是與同一領域的其他人擁有不同知識或技巧的人。在法律領域，過去五十年來最具創造性的成就來自經濟學領域。受過經濟學訓練的律師和對法律有興趣的經濟學家問道：「如果我們從經濟學的角度來看法律，會有什麼不同的想法？」這並不完全像福斯貝里式跳高，但在一九九一年，法律經濟學的創始人羅納德．寇斯（Ronald Coase）獲得諾貝爾經濟學獎。

在經濟學領域，過去五十年來一些最具創意的成就來自心理學領域。對心理學有興趣的經濟學家和對經濟學有興趣的心理學家問道：「如果我們從心理學的角度來看經濟學，我們會採取什麼不同的做法？」這個問題在二〇〇二年讓心理學家丹尼爾．康納曼（Daniel Kahneman）；在二〇一三年讓羅伯．席勒（Robert Shiller）；以及在二〇一七年讓理查．塞勒（Richard Thaler）分別獲得了諾貝爾經濟學獎。

塞勒可能是行爲經濟學家中最具開創性的一位，可稱爲社會學界的福斯貝里。他的數學並沒有特別好，所以他的學術前景並不十分出色。用他自己的話來說：「我只是一個前景相當黯淡的普通經濟學者。」三十二歲時，他說：「我決定無論如何，我都要追求結合心理學與經濟學的可能」[18]——這使他處在能夠發明新事物的地位。在許多領域，我們之間的福斯貝里和塞勒把來自意想不到之處的想法注入陷入困境的領域——人們墨守成規的領域。

我們都經歷過這樣的情況——我們的心智日復一日地重複同樣的事物。對於詩人、小說家、藝術家、生物學家、工程師、建築師和音樂家是如此，對於歷史學者和編劇是如此，對於運動員如此，對於商界和政府人士也是如此。

凱斯指出，官僚經常墨守成規。日復一日、年復一年地從事同一份工作的公務員往往做得非常出色，而且非常專業，有時他們會覺得很難想像以不同的方式做事，因爲他們習慣了某些運作方式，所以認爲長期存在的模式和做法理所當然，這不僅是爲了規避風險，也是因爲他們甚至無法考慮可能會承擔哪些風險。

同樣的情況在產業界也經常發生。非常成功的公司會因爲繼續沿襲他們已經走了一段時間的道路而陷入困境。在這種情況下，擺脫習慣化往往是由新人引發，他們向組織注入新想法，並不是因爲他們天生更聰明或更有創造力，而是因爲他們尚未適應常用的模式。他們沒有做長久以來一直在做的事情，而是從側面、從遠處，或者從非常不同的起點來看待事物。

但靈活的思考未必只來自新人。組織可以透過對例行公事和環境做微小的改變來增加創造性思維，就像凱莉．曼恩和她的同僚所做的。例如，他們可以改變員工的實體環境，鼓勵員工接受與自己所擅長截然不同領域的訓練，創造具有不同專業知識的多元化團隊，或要求員工輪流從事不同類型的工作。結果，就會有些人可能以不同的方式跳高。

問題在於，有時領域中的其他人還沒有做好面對創新的準備。大多數的跳高選手一開始都對福斯貝里的背向式跳法表示懷疑，並試圖說服他按照標準的方式來跳高。但在一九六八年奧運美國隊選拔賽期間，一切都改變了。福斯貝里採用了他不尋常的技術，表現相對不錯，但在跳高橫桿提高到二．二一公尺時，他仍然只名列第四。他至少得獲得第三名才能進入國家代表隊。他的對手艾德．卡魯瑟斯（Ed Caruthers）第一次嘗試就跳過橫桿，接著雷納多．布朗（Reynaldo Brown）也跳過，但在此之前一直領先的約翰．哈特菲德（John Hartfield）三次嘗試都失敗了。福斯貝里只要跳過橫桿，就能參加一九六八年在墨西哥市舉行的奧運會，而他辦到了。[19]

剩下的故事人盡皆知。福斯貝里參加了一九六八年奧運跳高比賽，他不僅贏得了金牌，還以七呎四吋（二二三．五二公分）的成績，創下了奧運紀錄。他不僅以更好的表現，而且是以不同的跳法，創下這個佳績。一等福斯貝里向全世界證明了他這種技術的優越性，跳高界就馬上追隨他的跳法。到了一九七二年下一屆奧運會時，四十名跳高運動員中，有二十八人採用了福斯貝里式跳高法。[20]

至此，福斯貝里基本上失去了他的優勢。他成功的祕訣不是他的肌肉或速度，而是他的心智。但當大家知道他的創新後，體能更好的人就取代了他，步上頒獎台。福斯貝里從未第二度參加奧運會，但他的發明卻辦到了。如今運動員背向跳高已成爲常態——這項運動的粉絲早已經習慣了這樣的跳高法。

一九八八年，也就是福斯貝里贏得奧運金牌二十年後，一位高中教練爲了好玩，示範了先前長期主導這項運動的跨越式跳法。一名學生問：「這到底是什麼？」另一個人則驚呼：「這種跳法太傻了！」[21]

在跳高以及其他運動中，現在令人感興趣的問題是：下一次重大的跳法會是什麼？

第6章

說謊：如何不讓你的孩子長出長鼻子

一開始你拿一點點，也許幾百、幾千。你對此感到安心自在。在你意識到之前，它就會像滾雪球一樣，變成很大的數目。

——伯納德．麥道夫（Bernard Madoff）1

塔莉有個兒子，名叫里奧。里奧三週大時，塔莉帶他去急診室。「他幾乎不哭，而且一覺睡到天亮！」她向困惑的醫生解釋，醫生看起來一點也不緊張。「嬰兒不應該這麼安靜，」她嘗試說明她焦慮的原因：「他姊姊常常整夜啼哭。」

好心的醫生雖然還有其他危機要處理，但爲了讓塔莉放心，她爲里奧做了檢查。首先，她量了他的體溫，聽了他的心跳——一切正常。接下來，她檢查他的瞳孔——它們的大小和形狀都很完美。她檢查了他的聽力和莫羅反射（Moro reflex，驚嚇反射）——全都正常。

「他是個快樂的寶寶，也很會睡，」她總結說：「妳應該感到很開心。」

塔莉確實如此。

六年後，里奧每天晚上仍然高高興興地睡覺——只要他姊姊莉維亞也在睡覺就好。他無法忍受她在他睡著之後去玩耍，可是另一方面，莉維亞並不需要那麼多睡眠。怎麼辦？

一個做法就是要莉維亞假裝上床睡覺，等她弟弟睡著後再起床。但是這樣的小謊言如果夜復一夜重複，會不會讓莉維亞對說謊感到無所謂？塔莉會不會在不知不覺間引發複雜的心理過程，不斷增加讓莉維亞成爲伊莉莎白．霍姆斯（Elizabeth Holmes，號稱「一滴血驗百病」新創公司Theranos創始人，惡血案主謀）的些微機會？如果塔莉打算培養誠實的孩子，她應該擔心這種看似無害的小謊言嗎？[2]

要回答這個問題，請考慮一下塔莉兒時朋友喬納的故事。喬納是個很有才華、聰明、受人喜愛、自信的孩子。然而他有一個教他不安的異常特徵：他的右腳生來就沒有小腳趾。喬納擔心其他孩子會嘲笑他只有九根腳趾，所以對自己的異常現象緘口不言。

這並不容易。塔莉在內蓋夫沙漠（Negev desert，位於以色列南部）的中心長大，一年有兩百五十天要穿涼鞋，由四月至十月，放學後最受歡迎的聚會地點是社區游泳池。喬納不得不爲他爲什麼一直穿著鞋子不斷地找藉口。「我今天不能游泳，因爲鼻塞。」他會說。「我的貓咬爛了我的夾腳拖。」他聲稱。

撒謊成了喬納的第二天性。久而久之，他在與右小腳趾無關的情況下也開始撒愈來愈多的謊。只要他能想出藉口來規避麻煩的任務，他就會撒謊；如果修飾過的說法能讓他人對他有更好的印象，他就會撒謊。我們大多數人偶爾都會撒謊，但對喬納而言，小謊言成了一種無意識的習慣。

大腦習慣於不誠實

喬納是否特別不道德或有缺陷?也許。也或許他只是個普通人，發現自己處於獨特的境地，錯誤地以爲要避免羞辱的唯一方法就是撒謊。一個謊言引發了下一個謊言，而下一個謊言又引發了另一個謊言。塔莉認爲喬納與我們其他人沒有太大不同。如果我們之中的任何人發現自己處於同樣的情況，我們會像這樣滑下謊言愈撒愈大的山坡嗎？爲了找出答案，塔莉和同僚把一百名誠實的民衆放在濕滑的山頂上，輕輕地推了他們一下。

他們邀請這一百人以兩人爲一組，參加在倫敦市中心塔莉實驗室進行的研究。[3]其中一對是莉諾拉和瑞娜。她們抵達後，首席研究員尼爾出面接待。他向她們解釋，在實驗過程中，她們要觀察一連串裝了不等量硬幣的罐子，任務是猜測每個罐子裡有多少錢。莉諾拉得要在腦部影像掃描儀中完成任務，而瑞娜則會在相鄰的房間中完成任務。

兩人的任務有一個小小的變化：莉諾拉會在螢幕上看到罐子的大圖像，而瑞娜在螢幕上看到的是模糊的小照片圖像。因此莉諾拉得要透過無線網路，向瑞娜提出每個罐子裡有多少錢的建議，然後瑞娜再把她猜測的答案傳達給尼爾，她的答案愈準確，瑞娜和莉諾拉兩人收到的錢就都會愈多。

尼爾把瑞娜留在測試室，帶莉諾拉去核磁共振掃描儀，並告訴她另一件事。「瑞娜不知道，」他低聲說，「雖然如果她猜對了罐子裡錢的數量，會得到報酬，但如果她**高估**了罐子裡的錢，你——莉諾拉，就會得到最高的報酬。」

尼爾並沒有教莉諾拉撒謊，但在這種情況下，說謊會為她帶來經濟利益，只是會損害瑞娜的利益。莉諾拉現在面臨利益衝突：她的任務是盡力向瑞娜提供建議，但如果她對瑞娜撒謊，就能得到更多的錢。這種情況就像買方的房地產經紀人一樣。經紀人的任務是盡可能地為買家爭取最好的交易，然而客戶支付的費用愈高，經紀人納入口袋的錢就愈多（經紀人收取成交價格的某一百分比）。

莉諾拉會怎麼做？

就像我們研究中大多數的參與者一樣，她一開始就撒謊，但金額很小——零零星星的幾塊錢。但隨著實驗進展，她謊言中的金額愈來愈大。到研究結束時，她大大高估了玻璃罐中的硬幣數量。我們想知道莉諾拉是否眞的在撒謊，還是無意地誤判了罐子裡的硬幣數量。所以在一些試驗中我們告訴她，如果瑞娜估計的金額準確，莉諾拉就會得到最多的錢。你瞧，當莉諾拉受到這樣的激勵時，她就給了瑞娜誠實的建議。這顯示她可以準確地估計罐子裡的硬幣數量，只是當這樣做對她不利時，她就刻意不這樣做。

在莉諾拉進行這項任務時，我們記錄了她大腦的活動。起先，當她撒謊時，她大腦中發出情緒信號的部分，例如大腦深處稱作杏仁核的杏仁狀小部位會做出強烈反應。為什麼她的杏仁核會活躍？因爲就像大多數人一樣，莉諾拉認爲說謊是錯的，[4]所以她每次一撒謊，就會體驗到一種負面的感受。*杏仁核的反應受到她說謊程度的影響，而我們只在她的情緒網絡中檢測到這種反應，在其他大腦部位並未檢測到反應。

最有趣的是，我們觀察到她每多撒一個謊，她的杏仁核反應就減少一點——這是對她說謊的一種習慣形式。她的大腦對她不誠實的敏感度下降愈大，下回有機會的時候，她就愈會撒謊。如果沒有人們在做不道德行爲時通常會經歷的不安感，就沒有什麼可以阻止她不誠實。

莉諾拉的行爲很典型。我們檢視參與者的資料，發現了一個普遍的結果：隨著大腦情緒系統對說謊的反應減弱，人們說謊的次數就會增加。研究結束時我們問了莉諾拉關於她謊言的問題，她說她完全沒有意識到她的謊言如滾雪球般愈來愈大。她已經習慣了自己的謊言，因此根本沒有注意到發生了什麼事。

* 這種讓我們避免說謊的負面感受，在演化上可能有利。這是因爲，說謊雖然可以帶來短期的利益，但長遠來看，也可能毀掉我們的聲譽，造成嚴重的社會成本損失。

當情緒消退時

讓我們回想一下我們在緒論中向你介紹的情景。有一天你走路回家，在路上，一隻長著利牙的棕色大狗對你狂吠，顯然非常兇惡。你很可能會感到非常恐懼。第二天，你再度經過，那隻狗又對你咆哮，只是這回你感覺沒有前一天那樣害怕。快轉到一週後，你對那隻狗的叫聲幾乎不會產生任何情緒反應。

你可能還記得，研究顯示，當研究人員給受測者看可怕的圖像，例如人們開槍，或者可怕的狗，他們最初會有強烈的情緒反應。他們的心率增加，瞳孔放大，杏仁核中的神經元活躍起來。然而，相同的圖片展示每增加一次，他們的反應就會愈來愈小，直到完全消退。[5]

一般來說，這種習慣化的形式（有時稱爲情緒適應或情緒習慣化）是大腦的一個聰明特徵。情緒是一種訊號，它廣播著：「這很重要，請注意，你可能需要做反應。」但如果某件事一次又一次地出現而沒有嚴重地影響我們，或許它沒那麼重要，這代表情緒可以平靜下來。情緒習慣化並不只是針對恐懼；你可以適應任何情緒，不論好壞，例如愛、興奮和羞恥。

莉諾拉經歷的就是這樣的情緒習慣化；這就是為什麼她每次說謊時，情緒反應都會愈來愈減弱。反覆的不誠實就像你一遍又一遍地噴香奈兒香水。起初，每次噴灑時，你都會輕而易舉就聞到它獨特的氣味。但久而久之，重複地噴灑之後，你幾乎感覺不到它的存在，所以你會更大量地噴灑，而無視於在早上通勤的公車上為什麼沒有人肯坐在你身邊的事實。這種情況之所以會發生，是因為你嗅球中的神經元對香水的氣味失去了敏感。[6]同樣地，你對自己不誠實行為的情緒反應最初雖然很強烈，但隨著時間的進展會減弱。如果你的謊言不會讓你產生負面的情緒反應，你就更可能說謊。

如果我們給你一顆藥丸，可以神奇地消除你感受情緒的能力，你就可能會撒更多謊。這不是假設的例子。有個實驗，讓即將參加考試的學生服用一種叫作β受體阻斷劑的藥物，可以減少情緒激動；與服用安慰劑的學生相比，他們作弊的可能性是服用安慰劑學生的兩倍！[7]這種藥物人為地減少了原本可以抑制作弊的負面感覺（有點像是由於反覆說謊而形成的習慣）。我們大多數人都認為我們的道德本性深刻反映了我們的自我，然而透過一顆小藥丸，調節了我們的生物功能，也改變了我們的道德本性。

謊言的政治學

喬納重複撒謊以掩蓋他缺少的腳趾，引發的是與β受體阻斷劑相似的作用。他說謊時不再有惡劣的感覺，因此說謊的次數愈來愈多。或許你可以想到有類似情況的親朋好友？有婚外情的人起先對自己的作爲感到痛苦，但經過多年的欺騙，就不再有任何悔意？或者像是其他在社群媒體或約會網站上多次說謊，以獲得社交好處的人？或者經常說謊以便在職業生涯中獲得升遷的人？這些人全都可能對他們的謊言習慣化了。

塔莉發表研究的時間就在二〇一六年美國總統大選前幾週，這項研究觸及了人們的痛處。許多人認爲研究結果和被指控多次撒謊的總統候選人（後來當選總統）唐納・川普的行爲有關。有趣的是，經過事實查核證明，在擔任總統的頭一百天期間，他平均每天有近五則虛假的公開聲明。幾個月後，這個數字幾乎成長了一倍，增加到每天九則，到他任期結束時，每天發表超過十九則公開的虛假陳述。[8]

這種持續增加的背後可能有許多因素。也許這種增加是由於報導偏頗造成的——也就是說，隨著時間增長，媒體增加川普說謊的報導，而不是他實際說出口的謊言。另一種可能性是，過去的謊言需要用更多的謊言來掩蓋，導致謊言增加。也或許，謊言會帶來對個人有益的後果，導致愈來愈多的謊言。一項研究發現，不誠實在政壇上會得到回報：不排斥說謊的政客更有可能連任。[9]這些因素都可能導致謊言增加，但除此之外，我們認爲在政治上，就像和其他地方一樣，重複的謊言導致情緒習慣化，造成愈來愈多的謊言。

如果你想到個人不僅可能習慣於自己的不誠實，而且也會習慣於他人的不誠實，情況就更加令人擔憂。由政治上來說，這顯示選民和政治顧問可能會對政客的謊言變得不敏感，就像他們對伴侶過度使用香奈兒香水一樣，使得他們不太可能採取行動去懲罰、甚至去制止不誠實的行爲。接著政客可能會把不制裁的做法闡釋爲「開綠燈」。因此隨著謊言數量的增加，公衆的憤怒可能會愈來愈少。

這正是在美國發生的情況。在經歷了所謂的「後眞相時代」之後，認爲可以誇大事實以便讓故事更有趣的美國人，數量由二〇〇四年的四四％增加到二〇一八年驚人的六六％。[10]

對於別人的謊言習慣化是你周遭隨處可見的問題，不僅僅是在政治上，它也發生在企業界、科學界、人際關係和社群媒體中。例如，想像你爲一位名叫貝兒的「健康大師」擔任內容編輯（content editor），你的工作是編審她寫的內容，並把它貼在她粉絲衆多的網站和社媒帳號上。這些帳號擁有數百萬追蹤者，因此你對自己的新工作很興奮。

你由貝兒那裡收到的第一篇文章是關於茄子教人難以置信的治療特性。誰知道紫色的蔬菜特別有療效！出於好奇，你用谷歌搜尋，但沒有發現任何證據支持這一說法。當你問貝兒這件事時，她解釋說，是的，目前沒有證據，但將來可能會有證據。你確實很愛吃美味的茄子泥，所以你一絲不苟地編輯了這篇文章，然後發表。

第二天，你收到貝兒的文章是說她網站上出售的鴕鳥蛋可以促進生育（人類，而不是鳥類）。雖然這聽起來有點不對勁，但你還是編輯並發表了這篇文章。誰知道？也許其中有什麼道理。這樣的事情每天都重複發生。

工作兩個月後，你被分配到一篇文章，說採取「潔淨飲食」治療癌症，效果比化療更好。貝兒敦促癌症患者放棄化療。這篇文章與關於茄子或鳥蛋的文章不同，可能會爲病患帶來嚴重的後果。現在想像一下，你不是在工作兩個月後才收到這篇文章，而是在你任職的第一天。這兩種情況中，你會在哪一種情況下較有可能編輯和發表這篇文章？

由於人們在不道德行爲隨著時間逐漸增加而非突然出現時，較有可能參與其中，[11]因此在後一種情況下，你發表這篇文章的可能性較小。在道德侵蝕逐漸發生時，人們就比較不會去注意，而更有可能做出壞的行爲。但當它突然出現，明顯跨越了界線，人們就會做出相應的反應。換句話說，茄子有療效和鳥蛋能促進生育的文章模糊了眞與假、可接受與不能容忍之間的界線。它創造了一個新的規範，因此在更嚴重（在正常情況下顯然會令人反感）的情況發生時，它似乎就比較接近我們能接受的範圍。

上述的例子並非純粹是我們想像的產物，而是以前澳洲健康大師貝兒·吉卜森（Belle Gibson）爲藍本。[12]吉卜森是明星「網紅」，擁有由蘋果公司贊助的健康飲食應用程式，由企鵝出版的一本食譜，並在Instagram、臉書和其他社媒平台上擁有大量粉絲。吉卜森在她的書中和媒體帳號中，告訴她的粉絲說她患有癌症，正在用健康飲食、運動、打坐冥想和其他另類療法對抗病魔。她的貼文和部落格詳細介紹了她的癌症歷程，她聲稱是由子宮頸癌疫苗引發，並描述它已經擴散到她的大腦、脾臟、子宮、肝臟和腎臟。

她說，藉由自然療法而非化療，她把癌症控制得很好。吉卜森發表了自己看起來健康強壯的照片，許多人都深受感動，因而仿效她的生活習慣。有些癌症病患甚至被說服放棄正規的醫療。

多年來，吉卜森的成功呈指數級增長，直到有一天，一位調查記者揭露這一切都是一個大騙局。吉卜森從未罹患腦癌，也沒有肝癌或腎臟癌。沒有任何顯示她被診斷出患有任何一種癌症的病例。她對自己的健康、年齡和財務狀況撒了謊。她聲稱用公司的利潤捐錢給慈善機構，但對方從未收到。

不出所料，吉卜森說謊的紀錄可以追溯到童年。少女時代的她謊稱自己在手術台上接受心臟手術時曾短暫死亡，然而她從沒有接受過心臟手術。她的朋友記得她經常說謊。那些看似無害的童年小謊多年來逐漸變成大謊言，為她賺進數百萬美元，卻讓她的追隨者冒著健康的風險。[13]

像吉卜森這樣的藍圖，多年來在許多成為頭版新聞的其他大騙局故事中常常可以發現。所有這些謊言——比如謊稱自己是黑人的瑞秋・多勒扎爾（Rachel Dolezal），謊稱要建立生物技術帝國的伊莉莎白・霍姆斯，學經歷造假的前美國國會議員喬治・桑托斯（George Santos），捏造科學資料的荷蘭行為學家狄戴瑞克・亞歷山大・斯塔佩爾

（Diederik Alexander Stapel）。[14]他們都有個共同點：他們不誠實的行爲可以追溯到一連串較小的謊言，然而這樣的行爲逐漸惡化。

這並不是說，發現自己置身像喬納這樣的處境、覺得有必要反覆撒謊的人，最後都會犯下嚴重的罪行。喬納本人長大後成了好爸爸，也是受人尊敬的社會成員（儘管他從未改掉說謊的習慣）。我們也不是說，爲了家庭和諧而每天晚上假裝上床睡覺，最後會導致大欺騙。許多複雜的因素導致某些人策畫舉世最大的龐氏騙局（Ponzi scheme），或假裝罹癌，其中許多因素與習慣化並不相關。

我們想說的是，小謊言可以且確實會導致更頻繁、更大的謊言。用伯納德・麥道夫（龐氏騙局主謀）的話來說，就是：「一開始你拿一點點，也許幾百、幾千。你對此感到安心自在。在你意識到之前，它就會像滾雪球一樣，變成很大的數目。」[15]對這個世界的霍姆斯和吉卜森來說是這樣，對你來說也可能是這樣。

無私的謊言

你可能想知道不誠實是否一定會愈來愈嚴重，或者爲了「充分的好理由」說謊有沒有關係。想想無私的謊言，也就是純粹爲了利他而說的謊言。在工作中爲同事隱瞞，爲兄弟姊妹所犯的錯誤承擔責任，這些都是無私謊言的例子。人們通常不會對此類謊言感到太不安，他們可能覺得自己在做好事，所以不會習慣化。

在「罐子裡的硬幣」實驗中，我們創造了一種情況，其中顧問（例如莉諾拉）可以撒謊，以幫助接受建議者（例如瑞娜），但自己不會得到任何好處。我們發現人們確實會爲了他人的利益而說謊，即使對方是陌生人，但那些謊言並不會愈來愈嚴重。

我們也創造了另一種情況，即謊言對說謊者和對方都有好處。在這樣的情況下，我們發現謊言確實會惡化，儘管不像人們出於自私原因而撒謊那麼嚴重。我們推測，參與我們實驗的人對說謊感到有點不安，因爲說謊也是爲了自己的利益，但他人也受益的事實緩和了這種感受。

近年來最著名的一些騙子——包括吉卜森和霍姆斯——確實使他人受益。他們的謊言使他們的家人和員工受益。吉卜森有一個年幼的兒子，霍姆斯爲公司員工提供了工作機會。他們的謊言給他們的支持者和客戶帶來了希望，儘管這種希望是基於一個騙局。

相信你的不誠實行爲會幫助別人，這可能會讓你的行爲看起來有正當理由。然而它並不能完全消除你的內疚、羞恥和恐懼——至少在這個旅程的開始時是如此。回想一下麥道夫的話，他說「你對此感到安心自在」，指的是撒謊。[16]這些話顯示他在某些時候會對此感到「不」安心自在。可是久而久之，他對自己的騙局感到安心。

最後這一點可以區分心理變態者和像麥道夫的人。也許麥道夫之輩一開始對自己的行爲感到不安，但心理變態者卻從來不會這樣，他們從開始就沒有任何感覺。

防患於未然？

了解不誠實的行爲會因習慣化而惡化，對於如何在家庭和工作中減少不誠實行爲具有明顯的意義：防患於未然。

如果你忽視小的過失，它們可能會像滾雪球一樣，逐漸發展成帶來嚴重後果的行爲。人們可能會習慣於不誠實，不再認爲這是錯的。在家裡，當孩子撒謊時給予指正，讓他們悔恨，可以降低他們對不誠實習慣化的機率。在情況惡化之前，這樣的干預措施將提供明確的規範，讓孩子明白什麼可以容忍、什麼不能容忍。

在工作場所，如果你創造不接受小謊（例如虛報幾塊錢開支）的氣氛，應該比較明智，並且能避免更大的問題。這就是我們管理自己團隊的方式。小過失立即解決，以傳遞明確的訊息。我們這樣做是爲了避免將來出現更大的過失（例如違反科學倫理的行爲），因爲那可能會導致嚴重的負面後果，不僅是對那個不誠實的人，而且對我們團隊內外的其他人也如此。

我們的行爲準則通常很嚴格：（永遠）不說謊，（永遠）不偷竊，（永遠）不能不尊重父母，（永遠）不洩露機密資訊，（永遠）不違背承諾。嚴謹的規範似乎有點極端，但這就是重點。它們會導致強烈的情緒反應，使人們更難接受自己的道德過失行爲。

日常生活中有許多我們認爲是嚴重違反道德的例子，即使這樣做會帶來好處，我們也不會做這些事。我們不會踏出第一步。請想想以下的例子：[17]

- 給你多少錢，你就會焚燒自己國家的國旗？
- 給你多少錢，你就會用力踢狗的頭？
- 給你多少錢，你就會打你媽媽耳光？
- 給你多少錢，你就會對體重超重者的外表做出殘酷的評論？

很多人說，給他們再多的錢，他們也不會做。就某種程度而言，這似乎不合理。如果有人付你一大筆錢讓你焚燒你國家的國旗，你可以用這筆錢來幫助有需要的人；你甚至可以用這筆錢來宣傳愛國主義（並製作更多的國旗）。我們一想到要用力踢狗的頭，就感到震驚，不確定自己能不能做得出這種舉動（即使沒有人會看到或知道我們這樣做），但如果金錢的報酬能夠拯救一百隻狗或是一萬隻狗的性命呢？你明白我們的意思。

人們認爲有些交易是禁忌，有些價值是「受到保護」或「神聖」的，這表示即使這樣做的獎勵很高，而懲罰爲零，人們也不願意違反它們。[18]確實，人們說當他們被要求交易某些價值時，會產生強烈的負面情緒——例如，當他們被問到是否願意增加一些人的死亡風險（如實驗性醫療），以降低其他許多人的風險。

舉個例子，在新冠疫情大流行期間，有一位知名的行爲經濟學家受聘爲政府提供如何對抗疾病傳播的建議。這位經濟學家提交了一份報告，其中有一項非比尋常的主張：他建議政府讓一個軍事基地感染這種病毒，以便密切研究這種疾病的傳播、檢查症狀，並量化不同干預措施的效力。這位經濟學家也把他的建議告訴了媒體，[19]他的理由是，這樣做雖然可能危及少數人的生命，但更多的人可能會因獲得的知識而獲救。政府和人民都不以爲然；大多數人都義憤塡膺。

經濟學家往往認爲禁忌交易的想法是個謎，違反了基本的理性。但如果我們由習慣化來看，這個謎團可能就會豁然開朗。**任何時候都反對人們做X、Y或Z的社會規範，可以確保人們在考慮X、Y或Z時感到羞恥或難過，阻止人們走上可能造成傷害和恐怖的道路。**如果一種文化有強烈的反對說謊或欺騙的規範，讓這種想法引發強烈的負面情緒，就可能會保護它自己，免受可怕事物的影響。

哲學家伯納德．威廉斯（Bernard Williams）提出，如果人們會在兩難的道德困境中思考如何達到最大的效益（例如是該救親人還是陌生人），就是「想太多」（one thought too many）。在他看來，人們應該只去做正確的事，而不必對此多想。[20]威廉斯的意思是要對道德倫理的基礎表達哲學的觀點，我們不知道他是否正確，但他的說法卻有一定的心理意義。如果人們只是純粹想著「我不會說謊」或許更好，而非「在這種特定的情況下，考慮了所有相關的成本和收益，認爲說謊不值得」。

謊言的誕生

這一切到底要教除非姊姊也睡覺否則兒子就不肯睡的父母怎麼辦？作父母的不能把小謊言視爲完全無害。如果我們放過小謊言，人們就可能會把撒謊不當一回事，並且會更頻繁地這樣做。對於正在培養終生習慣的兒童更是如此。及早制止不誠實的行爲，可以防止它惡化，父母不應該助長輕微的不誠實行爲。但說實話，這並不總是那麼容易。

想像你生活在人們無法說謊的世界。如果你約會的對象穿著不好看的衣服，你直言無諱；在求職面試中，你坦誠地列出自己的優缺點；出售二手車時，你報出它確切的價值；在Instagram上，你只發布沒套濾鏡的照片。就正面來看，這個世界將不存在任何「僞造」，不論是否深僞；但也不會有小說，不會有故事，不會有聖誕老人或牙仙子

（tooth fairy）。這樣的世界會是什麼樣子？[21]

《謊言的誕生》（*The Invention of Lying*）是瑞奇・賈維斯（Ricky Gervais，英國喜劇演員）編劇並主演的電影，探索了一個不存在謊言的世界。當賈維斯飾演的角色在片中說出了人類有史以來的第一個謊言時，他不知道該如何描述自己剛剛做的事。「謊言」一詞在片中並不存在，所以「眞相」這個詞也還沒有發明。「我說了……不是的話。」他想要解釋。這部電影並非票房冠軍，卻獨具匠心，它說明了爲維持穩定社會環境而撒的小謊言（例如在最後一刻告訴朋友你因爲感冒而要取消活動，而不是招認你有更想做的事情）和造成破壞的重大謊言（例如刻意導致戰爭的謊言）之間微妙平衡的必要。

如今，眞相與謊言之間的區別似乎正在消退。在某些方面，說謊已經成爲現代生活中可以接受的一部分，只需用滑鼠點擊，你就可以建立一個與你自己只有一點相似的替代角色。因此，你經常會在網路上遇到虛假的訊息，這導致了現代世界的一個重大問題——假訊息。

第7章

（假）訊息：如何讓人們相信（幾乎）任何事情

口號應該不斷地重複，直到最後一個人都明白了這個想法。

——阿道夫・希特勒*[1]

如果以人口來衡量，美國最大的州是紐約州。除了舉世人口最多的紐約市之外，紐約州還有許多人口密集的城市，包括水牛城、羅徹斯特（Rochester）、揚克斯

＊有些人可能認爲不應引用希特勒的話，我們完全理解這種看法。然而，了解並強調他的想法，以及他用來影響追隨者的心理原則，也有其啟發性。記住他的所作所爲，並凸顯他策略的危險，可能有助於防止歷史重演。我們在此推薦潔拉丁・舒瓦茲（Géraldine Schwarz）的《遺忘的人》（*Those Who Forget*）（2020）。

（Yonkers）、雪城（Syracuse）、奧爾巴尼（Albany）、弗農山（Mount Vernon）、由提卡（Utica）和白原市（White Plains）。儘管紐約州在美國人口最多，但它並不是面積最大的州，這項榮譽屬於加州。值得注意的是，人口最多的州以面積計算僅排名第八，次於加州、阿拉斯加州、德州、蒙大拿州、新墨西哥州、奧勒岡州，和新罕布夏州。

你剛剛讀到的這段文章充滿了錯誤的訊息。紐約州並不是美國人口最多的州，加州才是，其次是德州，然後是佛羅里達州。紐約排名第四。然而因爲我們告訴你（重複了三次）紐約州是美國人口最多的州，你可能會相信這一點。每當謊言重複出現，人們往往就會認爲它是眞的。正如我們下面會解釋的，這部分是因爲當一句話一次又一次被重複時，它不再教人驚訝或新鮮，你的大腦處理它的次數就愈來愈少。結果你就更可能接受它爲既定的事實。

現在你可能會想：「且慢，你剛剛告訴我紐約**不是**美國人口最多的州，所以將來我永遠不會認爲它是人口最多的州！」別那麼肯定。我們稍後會討論這個問題。

心理學家爲這種相信重複陳述的傾向起了一個名字：「虛幻眞相效應」（the illusory truth effect），[2]這就是爲什麼許多人相信人類只使用了一〇%的大腦，或者維生素C可以預防普通感冒（塔莉無法擺脫這種信念）。早在一九七七年就已發現了這種現象，當時一群心理學家在一項研究中詢問志願參與者，他們對六十個看似眞實（但未必是眞實）陳述的眞實性有多大的信心。[3]

你自己試試看——你認爲下面的陳述是正確還是錯誤？

- 中華人民共和國於一九四七年成立。
- 巴黎羅浮宮是世界上最大的博物館。
- 埃及開羅的人口多過伊利諾州的芝加哥。
- 大腿骨是人體最長的骨頭。
- 在美國，離婚人數超過喪偶人數。
- 鋰是所有金屬中最輕的。

參與者每隔兩週在三個不同場合評估這些陳述正確與否。其中二十個陳述（包括虛假和眞實的陳述）在整段期間重複出現，另外四十個則否。果然，人們比較可能相信重複的陳述是正確的！看來，只要你重複某句話的次數夠多（例如，「淋濕頭髮在寒冷天氣中外出會讓你生病」，或「外星人在一九四〇年代登陸新墨西哥州羅斯威爾」），人們就可能會開始相信它。

科學家在無數場合重複了這種特定說法，因此我們尤其會認爲它是眞的。而事實上，它也是眞的。自一九七七年以來，許多獨立研究都發現了虛幻眞相效應。在實驗室外，也發現大衆有這樣的情況。[4]當重複間隔短而非較長時，會發現這種現象，[5]而且出現在類型天差地別的各種事實陳述中——歷史事件、地理、科學、政治、藝術、文學。[6]

你可能疑惑是不是每個人都容易受到虛幻眞相效應的影響。你可能會想，我們中有些人一定不會。教授、科學家、工程師、教師、記者、雜技演員和太空人都會上當嗎？答案是肯定的。[7]你可能會認爲，對於依賴分析而非直覺思維，以及喜歡用數字和資料思考的人，這種影響會減弱。但你錯了：分析型思考者也同樣容易受到這種影響。或者你可能認爲：年輕人特別容易受到虛幻眞相效應的影響——或者老年人可能會更容易受到它的影響。又錯了。年輕人和老年人同樣容易受到影響。

或者你可能會預測，具有較高認知能力的人（例如在一般智力測驗中得分較高的人，以及能夠輕鬆並良好地處理資訊的人）不太可能成為這種效應的受害者。這個預測也是錯的。或者你可能會猜想，高度需要「認知閉合」（cognitive closure），想要對問題給予堅定、清晰答案的人，特別有可能表現出這種效應。但這也是錯的。

虛幻眞相效應似乎是所有心智的特徵——不分智愚老少。[8]不過有一個例外——患有阿茲海默症的人似乎不會受到重複陳述的影響。[9]這可能是因爲他們記不得先前聽到了什麼。

比較熟悉，比較真實

我們不要誇大這些發現。如果你確信虛假陳述是錯誤的，你就不太可能會相信它。如果別人一再告訴你地球是平的，或者納粹大屠殺從未發生過，即使反覆聽到這些說法，你也不一定會相信它（儘管有些人會相信）。重點純粹在於，重複可以讓人認爲某個命題較有可能是正確的，確實如此，不管它是否眞實——所以如果有人想讓你相信一個謊言，一遍又一遍地陳述它，然後再說一次，可能眞的會奏效。（希特勒知道，電視上的一些名嘴知道，有些「網紅」也知道這一點。）有趣的問題是：爲什麼？

答案是重複會讓你產生一種熟悉感。當某件事聽起來熟悉時，你就會認爲它是眞的。這是因爲在生活中，熟悉的感覺常常（正確地）與眞相聯繫在一起，而驚訝的感覺常常（正確地）與荒謬聯繫在一起。例如，假設我們告訴你，我們有一隻會說瑞典話的七色貓。你必然會感到**驚訝**，這種感覺是一個很好的指標，顯示有些事情不對勁，你應該放慢速度，並仔細考慮這個陳述。[10]

接著你可能會把這個陳述與你現有的知識進行比較——貓很少會色彩繽紛，而且牠們只會喵喵叫——這會得出結論：我們的陳述可能是虛假的！這一切都發生在一瞬間，你甚至沒有意識到它。現在，如果我們告訴你，我們養了一隻棕色的貓，牠想吃東西時就會喵喵叫，這會讓你產生一種安心的熟悉感，而這種感覺會轉化爲「是的，聽起來沒錯」。

當你先前多次聽過某種陳述，你就會認爲它理所當然，並且較少對它有所反應——你對它已經習慣，它不會產生驚奇。但當你聽到一個不熟悉的陳述時，你會感到不舒服，因此會質疑它。

傾向於相信聽起來熟悉的陳述，而懷疑教人驚訝的陳述，這是有道理的。一般說來，聽來熟悉的陳述更有可能是眞實的。這是因爲你由不同的來源聽到熟悉的說法——也許來自你的母親和你的朋友艾倫，還有新聞報導。如果這些人都同意這個陳述，那麼它就可能是正確的（你可能會合理地認爲）。因此，「比較熟悉，比較眞實」的捷思法不壞。但是當人們有錯誤的想法，或者試圖傳播假訊息，使謊言因重複而變得熟悉時，問題就會出現。

這個問題的根源在於，你的大腦非常擅長指認出「我以前聽過這種說法」（即這是「熟悉的」），但不擅長記住你以前是在哪裡、由誰那裡、在什麼情況下聽過這個說法。[11] 貯存額外的資訊需要付出努力，並且需要寶貴的資源。當你聽到「維生素C可以幫助治療普通感冒」時，你知道你以前聽過這句話，但你不一定記得是由你迷信的叔叔還是某個值得信任的科學家那裡聽到的。然而，比較熟悉就比較眞實的捷思法會開始發揮作用。

僅僅聽到陳述的一部分，例如「老鼠很會跑」，就更有可能讓你相信完整的陳述：

「老鼠每小時可以跑四十哩。」接觸到前幾個字會讓你感覺好像聽過整句話，進而給你一種熟悉感，接下來又觸發了比較熟悉就比較眞實的捷思法。[12]

這就是爲什麼重複一個陳述來駁斥它，可能會適得其反。想像你的臉書朋友皮諾丘發文說：「美國大多數的囚犯都是移民。」你查了一下，發現這是不正確的，所以你發文說：「美國大多數的囚犯都是移民，這話是不眞實的。」你的另一個臉書朋友傑佩托在看他的動態消息時讀到了這兩篇貼文。「美國大多數的囚犯都是移民」對他而言因爲重複而變得熟悉，因此**感覺**很眞實。傑佩托不記得你的否定，只記得基本的敘述。

就像我們大多數人一樣，傑佩托對主要的訊息高度敏感：天氣預報是否說今天會很冷，公職候選人是否聲稱自己是戰爭英雄，當地報紙是否報導說電視明星犯了毒品罪。相比之下，傑佩托不太在意「元資訊」（meta-information），即有關主要資訊是否準確的其他資訊。但如果你被明確告知所謂的天氣預報是開玩笑，或者某位公職人員爲了吸引選票而扭曲自己的紀錄，你就不會完全忽視這一點。然而，我們就像傑佩托（和大多數人）一樣，給予它的重視明顯不足。如果你喜歡心理學術語，這個術語就叫作「元認知近視」（metacognitive myopia）。[13]

這表示你必須小心，不要重複謊言，即使是爲了揭穿它們。有時最好完全忽略謊言，以避免它獲得認同。誠然，有時需要與謊言正面對決，但即使在這樣的情況下，你也應該避免重複錯誤訊息，而應陳述事實。

例如，如果想反駁皮諾丘「美國大多數的囚犯都是移民」的貼文，你認爲下列哪種說法更好？

A「美國只有不到一〇％的囚犯是移民。」

B「美國九一％的囚犯都在美國出生。」

在本質上，這兩種說法都傳達了相同的想法。然而，陳述A在人們的心目中把「移民」一詞與「囚犯」連結在一起。連結這兩個概念可能會在無意中觸發熟悉感信號，導致幾週後，人們再度聽到「美國大多數的囚犯都是移民」這個陳述時，就會覺得它很合理。陳述B則避免了這個陷阱。

比較簡單，比較真實

當你反覆聽到某件事，會覺得它很熟悉，你很可能相信它一定是眞的。但那並不是重複會讓你接受說法的唯一原因。還有其他理由。

假設你頭一次接觸到一則資訊——例如，「蝦子的心臟在牠的頭部。」你的大腦會花費大量的能量來處理這個資訊。你可能會想像位於頭部的心臟，或者你會試著回想你上次吃蝦子是什麼時候。當你下一次接觸到同一則資訊（「蝦子的心臟在牠的頭部」），你的大腦不需要做太多工作，因此回應較少。第三次聽到這個訊息（「蝦子的心臟在牠的頭部」）時，你大腦的反應更少也更快。[14]這是一種習慣化的形式。就像在你重複使用刮鬍水後，你的大腦停止對它的氣味做出反應一樣，它也不再回應「蝦子的心臟在牠的頭部」這一說法。

要先說明的是，我們並不是說導致你對刮鬍水不再敏感的神經機制也會造成你相信重複的訊息。我們說的是，在這兩種情況下，基本的原則都在發揮作用——**即對重複的刺激，神經處理的反應減少**。當你因爲重複而可以毫不費力地處理資訊時（即較少的神經反應），你較有可能接受它爲眞。毫不費力代表沒有「意外信號」。你不用停下來思考；只要接受。

我們甚至不需要重複完全相同的陳述就能達成這樣的節約精力。例如，因爲我們已經告訴你很多次「蝦子的心臟在牠的頭部」，因此你比較可能會接受「蝦子的心臟在牠的頭部，牠的腦在牠的直腸裡」。因爲你先前聽到過這個句子的前半部（「蝦子的心臟在牠的頭部」），處理整個句子（「蝦子的心臟在牠的頭部，牠的腦在牠的直腸裡」）所需要的資源就較少。整個資訊變得更容易處理，這會引發一種熟悉感，轉化爲相信。

（我們要澄清事實：蝦子的頭部確實有心臟和其他重要器官，例如胃。這是因爲牠們的頭部有比身體其他部位更堅固的保護殼。然而，牠們的腦並不在直腸；它同樣也在頭部。）

一次又一次地重複陳述是讓資訊更容易處理的一種方法（這相當於對這個資訊的神經反應較少），但這並不是唯一的方法。舉個例子，以下兩句，你認爲哪一句是眞的？

（一）爲未出生的胎兒演奏古典音樂會提高他們的智商。

（二）懷孕時吃花生會提高寶寶對它們過敏的機會。

如果你像大多數人一樣，那麼你比較可能會認爲第一個陳述是眞的。（其實兩者都不是眞的。）因爲第一句是用較大的字型印的，大腦比較容易處理。較容易處理的資訊——或許因爲它是用如紅色等顯眼的顏色，或易於閱讀的字體印刷——也更容易取信於人。[15]人們會把資訊獲取的容易程度與它的眞實性連結在一起。（比較簡單，比較眞實！）我們使用「連結」一詞是有原因的：你並不眞正「認爲」如果資訊比較容易處理，就比較可能是正確的。這是個連結的問題。如果資訊可以輕易處理，我們就比較傾向**自動**相信它。

因此，如果你在工作中或社媒上呈現資訊，用較小的字體或對比程度較低的顏色，人們就比較不會相信它。如果這個陳述是全新的，人們會更懷疑。爲了讓人們信任你的建議，你要讓內容易於處理。讓視覺上更輕鬆（添加圖片、使用大字體、強烈對比），概念上更容易理解（把想法與熟悉的概念連結起來，讓人們對你即將要說的有所準備，重複！）。避免讓人們因爲覺得難以處理，而對你的訊息持懷疑的態度。

重複、相信、傳播

了解虛幻眞相效應可以幫助你與他人溝通和分享關鍵的資訊。如果你分享的是正確資訊，當然很好。但許多人，包括政治家和行銷人員，都刻意重複虛假或未經證實的主張。例如，許多廣告都重複關於產品的不可靠訊息（「由太空衣材料製成的可穿戴貼紙能促進傷口癒合」），因爲這會使潛在買家僅僅因資訊重複，或者以爲他們先前曾由可靠的來源聽過這種主張而相信它，因此促進銷量。或者，政治人物可能會重複毫無根據的說法，他們認爲，如果重複的次數夠頻繁，人們就會開始認爲這是眞的。甚至希特勒也掌握了這個概念。他在《我的奮鬥》中寫道：「口號應該不斷地重複，直到最後一個人都明白了這個想法。」[16]

爲了保護市場機制，監管機構禁止欺騙性的廣告，但他們仍未追上重複廣告的影響力。如果經常重複虛假陳述，應該要受到更嚴厲的懲罰。或者看看社群媒體：Meta、X、YouTube等網站的經營者，還未能處理重複的潛在破壞力。問題會不會不僅是重複見到某則貼文會使人因習慣化而相信它的正確性，更會提高這則貼文被進一步分享的可能性？爲了研究這個問題，塔莉進行了一項實驗。[17]

塔莉這項實驗的合作對象瓦倫蒂娜・韋拉尼（Valentina Vellani）向數百名參與者展示了一份包含六十則關於地理、科學、歷史、健康（例如「攝取咖啡因使兒童骨骼生長減少」）等內容的陳述清單，其中有一半的陳述展示了兩次，另一半則只展示一次。一如預期，參與者較可能相信展示兩次而非只有一次的陳述（虛幻眞相效應發揮作用）。接著瓦倫蒂娜詢問參與者，他們想在推特帳號上分享哪些言論。

果然，參與者比較願意分享他們看到兩次的陳述，而非只看到一次的陳述。瓦倫蒂娜想了解參與者比較願意分享這些重複的陳述是否因爲他們相信陳述是眞實的。爲了回答這個問題，她進行了統計分析（稱爲中介模型〔mediation modeling〕）。這個分析與她的直覺相符，即人們確實會比較頻繁地分享重複的頭條新聞，因爲他們相信這些新聞是眞實的。

這顯示大部分的人並不是要試圖誤導任何人。相反地，大多數人比較願意分享他們相信是正確的資訊。問題在於重複會導致人們誤解眞實是什麼。這個問題並不新鮮，而是舊有困境的現代表現。

一九三四年秋天，由於人們對健康問題日益關切，使得切斯特菲爾德（Chesterfield）香菸的銷售量急劇下降。使人們避開這個品牌的並不是對肺癌的恐懼，因爲一直到一九四〇年代，人們才開始懷疑吸菸與癌症之間的關係。人們不買切斯特菲爾德菸是因爲他們害怕……會得痲瘋病。[18]痲瘋病是一種傳染病，會導致大面積的皮膚潰瘍和四肢大範圍的神經破壞。如今這種疾病很少見，也可以治療，但在一九三〇年代卻是一個嚴重的問題。

爲什麼人們會認爲抽切斯特菲爾德菸會導致痲瘋病？有傳言說，一名痲瘋病人在維吉尼亞州里奇蒙（Richmond）的切斯特菲爾德工廠工作。根據這項傳聞，衍生出任何抽過切斯特菲爾德菸的人都有感染這種可怕疾病的風險。儘管當時沒有手機、電子郵件和社群媒體，這個故事還是宛如野火燎原，傳遍了全美。結果？人們改買其他品牌的香菸。

切斯特菲爾德菸商竭盡所能消除這個謠言。他們播放廣告，展示正在運轉的乾淨機器閃閃發光。他們說服市民信賴的里奇蒙市長發表官方聲明：「切斯特菲爾德工廠已通過檢查，沒有發現痲瘋病人。」可惜，這些嘗試都沒有效果。銷售額繼續直墜，整整十年都無法反彈。沒有人確切知道謠言是怎麼開始的，但切斯特菲爾德的製造商懷疑是競爭對手編造了這個謠言，以搶奪切斯特菲爾德的市占率。

由很多方面來看，切斯特菲爾德的故事都是錯誤訊息惡化的經典案例。這則謠言教人既好奇又恐懼，引起人們的注意，並與他人分享這則訊息。接著重複增強了人們對謠言的信念（部分是因為處理資訊的便利性增加），而這又增加了進一步分享的可能。

人們相信痲瘋病人的故事還有另一個我們尚未談到的原因：「真相偏誤」。[19]真相偏誤是指「相信別人告訴我們的事物」這種人類基本傾向。我們會假設其他人說的是實話，因為他們通常是這樣。比如，假設你在一個新的城市向陌生人問路，你可能不會想到他們會故意讓你迷路。一般來說，信任他人對於正常運作的社會是必要的。我們不可能活在每個人都認為其他人在說謊的世界裡。

但真相偏誤可能會讓我們陷入真正的麻煩，人們每年因網路釣魚和其他詐騙事件而損失數十億美元就證明了這一點。同樣地，不僅是不懂科技的人、老年人或青少年因為眞相偏誤而遭詐騙。許多精明的商人和其他沉穩幹練的人也都是受害者。以衆所皆知的安娜·索羅金（Anna Sorokin）爲例，她假裝自己是富有的德裔繼承人，從紐約各大投資人、銀行和旅館詐取到巨額資金。或者另一個案例，多位《紐約時報》暢銷書作者受騙，把他們即將出版的草稿以電子郵件發送給一個冒充他們編輯助理的男子。

。。。

多年前，塔莉自己也是眞相偏誤的受害者。當時塔莉是住在倫敦市中心的學生，她經常在出國開會和參加研討會時，轉租自己的公寓。一天晚上，她結束了一週的華府會議之行返家。長途飛行使她疲憊不堪，急切地想洗個澡，然後直接上床睡覺。可是當她想打開家門，鑰匙卻插不進鎖孔。「這很奇怪。」她想，並再次嘗試，但無濟於事。她聽到公寓裡傳來聲音時，驚訝變成了驚慌：「*Chi è la?*（是誰）*Chi è la?*」開門的是一名三十多歲的女子，一手拿著菸，一手端著一杯白酒：「*Sì?*」

接下來的情況有點記不清，但塔莉不太冷靜地說，這是她的公寓，他們究竟是誰？「啊哈！我們在等妳。」女子帶著濃重的義大利口音說。這對義大利夫婦由塔莉的轉租人那裡租了這套公寓，轉租人告訴他們，這個地方是他的，他們可以住六個月——請預付第一個月和最後一個月的租金。他們搬進來的第二天，一名五十多歲的西班牙男子帶著行李箱和鑰匙出現了。他也由轉租者那裡租了這間公寓，並預付了第一個月和最後一個月的租金。那位「房東」不再回覆電子郵件或電話，因此三人報了警。他們發現「房東」是個騙子，他們很不幸被騙了。他們不知道合法的屋主何時或是否會回來，因此他們決定暫時留在公寓裡，換了鎖，以防其他人搬進來。

當天晚上，義大利夫婦搬走了，塔莉用沙發擋住門才敢睡覺。第二天早上，她發現自己的許多物品都不見了。騙子拿走了她的筆記型電腦和相機等貴重物品，更糟的是，他還拿走了衣服、DVD（是的，這已經是一段時間之前的舊事）、書籍和油畫等個人物品。

塔莉回顧起來，發現早有跡象。騙子從未過來看房。「我只需要在城裡開會之間的幾個小時用它而已。」他說。塔莉提醒他淋浴設施有點問題（英國的管線），他聲稱他不打算洗澡。（「男人喔！」塔莉想。）那傢伙付了現金，他堅持要在晚上九點半交給塔莉，地點是在一條（正好）沒有燈的小巷裡，所以塔莉看不清他的五官。

人們對眞相的假設是如此強烈，甚至可以推翻謊言的強力線索。塔莉當時確實有一種不好的直覺，尤其是當她站在黑暗的小巷裡給他鑰匙交換現金，但她忽視了這種感覺，轉而相信預設的想法。

研究顯示，即使資訊受到懷疑（如切斯特菲爾德的案例）或明確地告知是錯誤的，我們仍然會依賴它來引導我們的選擇。[20]那麼，如果你的職業按定義就是要查出眞相，情況是否也會如此？

爲了找出答案，以學者米爾托・潘塔齊（Myrto Pantazi）爲首的一組研究人員找來經驗豐富的法官，向他們提供了兩個法律案件中刑事被告的資料。[21]他們明確告知法官其中一些資料是假的，然後要求法官評估被告的危險程度，並判出適當的刑期。法官是否會忽視他們被告知的錯誤資訊？

答案是否定的。在接到有關被告的負面資訊時，他們就受到影響，即使明確告知他們這資訊不是眞的。不僅如此，他們也比較容易把虛假證據誤認爲是眞實的，他們這樣做的頻率比把眞實證據誤認爲是虛假的還多。令人驚訝的是，卽使你是飽經世故的法官，有關刑事被告的虛假資訊也會影響你的結論——卽使你被明確告知這個資訊是錯誤的。

激勵正確性

眞相偏誤與「比較簡單，比較眞實」的捷思法結合，可能會使我們容易受到錯誤訊息、假新聞和詐騙的影響。但了解這些偏誤和捷思法也給了我們力量。我們無法克服它們，因爲它們在我們大腦的結構中根深蒂固，但只要我們意識到它們，就可以制定策略來保護自己。倫敦事件發生後，塔莉在進行任何大交易之前，都會做徹底的背景調查。不僅個人應該有更積極的反僞策略，包括社群媒體平台在內的企業也該制定這樣的策略，以保護社會大衆。科技和媒體平台經常會加強我們人類假定其他人說的是眞話的基本傾向，而且相信並分享重複的資訊，卽使這些資訊是錯誤的。

其實情況並不需要如此。科學告訴我們能做什麼來改善。發表在《自然》（*Nature*）

期刊上的一項研究顯示，只要促使用戶考慮一個陳述的眞實性，就會改變他們的思維方式，讓他們對正確度變得更加敏感，[22]人們分享可靠新聞連結的數量因此成爲虛假新聞連結數量的三倍。

另一種方法是獎勵用戶的可靠性。想像一下，如果人們在社媒平台上發布正確資訊時會在網上得到獎勵，而發布虛假訊息時會受到懲罰，[23]這種胡蘿蔔加上棒子的制度會不會減少錯誤資訊的傳播？

塔莉和她的同事蘿拉・格洛比格和諾拉・霍茲（Nora Holtz）測試了這個想法。[24]如我們所知，社媒平台的一個問題是按讚、轉傳和轉推等形式的獎勵並不取決於正確度，這表示你可以發布完全錯誤的內容，卻獲得數千個讚。因此你發現張貼虛假的資訊是引起注意的簡單方法。但如果我們對社媒平台的激勵結構做一點小小的改變，明確地爲可靠的用戶提供可見的獎勵，會有什麼結果？

塔莉和她的團隊就是這麼做。她們創立了一個在許多方面與推特相似的社媒平台，但在傳統的組合中添加了兩個新按鈕：信任和不信任。結果發生了三件事。首先，用戶區分眞假貼文的「信任」與「不信任」按鈕，點擊數量是其他按鈕（如「讚」）的三倍。不論是對民主黨和共和黨，以及其他許多領域（科學、政治、健康），情況都是如此。其次，用戶發布的眞實貼文開始多於虛假貼文。爲什麼？他們希望獲得盡可能多的信任「胡蘿蔔」，並避免可怕的不信任「棒子」。結果假訊息的傳播減少了一半。但這還不是全部，第三，用戶最後獲得了更正確的信念。爲什麼？也許是因爲他們花了更多的時間和精力思考什麼是眞的，什麼是假的，以試圖獲得正面的回饋。

這項研究並不是在眞正的社媒平台上進行（我們需要全世界的馬斯克和祖克柏參與，才能得到這個結果），所以我們不能保證它會生效。但我們認爲值得一試，尤其是當我們的目標是在創造一個眞相偏誤不再是偏誤的社會之時。

PART

3

健康與安全

HEALTH AND SAFETY

第8章

風險：瑞典人用HÖGERTRAFIKOMLÄGGNINGEN教我們的事

> 我的舒適圈就像我周圍的一個小氣泡，我把它推向四面八方，讓它愈來愈大，直到這些看似徹底瘋狂的目標最後落在可能的範圍內。
>
> ——亞歷克斯・霍諾德（Alex Honnold，攀岩好手）[1]

喬・伯勒斯（Joe Burrus）躺在地下幾呎的木棺裡。這並不稀罕，我們大多數人最後都免不了要進棺材。但是喬可以聽到地面上他家人和朋友的聲音。他還活著。

那是一八八九年，在奧勒岡州，喬——人稱「神奇的喬」——正在嘗試因偉大的逃脫大師哈利・胡迪尼（Harry Houdini）而聞名的特技表演。一九一五年，胡迪尼被活埋在地下六呎深之處，他的任務是要把自己挖掘出土。沒想到這項工作比他想像的困難得多。他挖掘的每一吋泥土，都是在爲自己的生命而戰。等到他的手指終於露出地面時，他失去了意識。幸好他的助手及時把他拉了出來，救了他一命。[2]

喬相信他可以做得比較好。「我認爲自己是幻覺大師和逃脫藝術家，」他說，「我相信我是胡迪尼再世，甚至比他更偉大。」[3]在奧勒岡州表演的那天，喬確實解開了綁在他手腕上的手銬，由棺材裡逃出來，由地底挖到地表，面對崇拜他的粉絲。這個特技空前成功。所以一年後，喬決定再表演一次。

一九九〇年萬聖節前夕，喬在加州佛雷斯諾（Fresno）的黑鬍子家庭娛樂中心（Blackbeard's Family Entertainment Center）再次躺進棺材裡。不過這回他選了一個透明的塑膠和玻璃箱。塑膠雖不如木頭那麼堅固，但透明的棺材可以讓觀眾觀察喬被埋進墳墓的情況。墳墓有七呎深——比他前一年逃脫的那個洞穴還要深，也比胡迪尼差點喪命的那個洞穴還要深。一九八九年那一次，喬的棺材上布滿了泥土。這一回，喬在泥土裡添加了水泥。這表示他必須掙脫手銬，逃出塑膠棺材，並挖掘七呎厚的泥土和水泥。[4]

這風險太大了。但喬相信他可以逃脫，他沒有被家人、朋友、記者和同僚的警告嚇倒。他信心滿滿，即使透明棺材一角有個破裂之處，也阻止不了他。他只是用膠帶把它黏起來而已。

這個故事的結局很糟糕。九噸泥土和水泥倒在喬的上方後不久，塑膠棺材就被水泥的巨大重量壓垮，只聽到一個破裂的聲音，就把他活埋了。

許多因素導致喬做出最後奪走他性命的決定，但其中有一個對我們所有人都會產生影響的因素：**風險的習慣化**，即隨著我們做某種行爲的次數愈來愈多，儘管實際上它的威脅並沒有變，我們卻傾向於認爲它的風險愈來愈小。你會發現自己因爲愈來愈不覺得害怕，於是承擔愈來愈大的風險。[5]

正如我們很快就會看到的，風險習慣化可能會導致政壇人物做出毀掉他們職業生涯、損害國家的決定，可能會造成危險駕駛，也可能會讓員工在工作中承擔不必要的風險。風險習慣化會影響到你的安全、健康和財務決策。

不妨看看塔莉與哈蒂．哈吉．阿里（Hadeel Haj Ali）所做的一項研究。[6]在這項研究中，參與者一遍又一遍地玩輪盤，總共二十次，直到最後才會知道自己的輸贏。塔莉和哈蒂發現，一開始參與者只敢小賭，但隨著時間的進展，他們似乎變得更加自在，賭博的金額愈來愈大。他們承擔的財務風險不斷升高。雖然在這項研究中，允許他們賭博的最高金額相對較小，但你可以想像在現實世界，類似的風險升高會導致賭徒損失大筆金錢，包括股票市場中的金錢（畢竟股市也是一種賭博）。這是個問題。

然而，習慣於冒險使我們能夠突破界限，過更豐富、更平靜的生活，並爲個人和人類這個物種爭取進步。爲了了解如何平衡利弊，讓我們先了解風險習慣化。

風險習慣化

想像一下，你正在樹林中健行，走到一座美麗的橋上，俯瞰寧靜的藍色池塘。天氣很熱，儘管危險，但你還是決定由橋上縱身一躍，到池塘裡涼快一下。你的心臟狂跳；跳下去看起來很可怕。但幸好你安全地落入水中，於是你決定立刻回到橋上再跳一次。這回你的心跳不再那麼快，你也不再那麼小心翼翼。看起來似乎非常安全。

到第十次跳橋時，你已經在嘗試後空翻了。你不知道的是，由這座橋跳下去的人中，有百分之一都被送進了急診室。按這樣的機率，你安全落水並不足爲奇，但一次又一次地跳橋，所冒的風險愈來愈大，你就讓自己置身於真正的危險之中。

人們通常依靠自己的感覺來評估風險。[7]在你準備要做有風險的事（可能會導致非常好或非常壞的結果）時，你通常會體驗到情緒的起伏，包括恐懼、興奮和激動。比如你即將大量投資比特幣、邀請美麗的凱瑟琳約會、跳傘、坐雲霄飛車，或吸食古柯鹼。你會感到心跳加速、雙腳顫抖。你的大腦把這些信號解釋爲這些行爲非常危險。這樣的感覺可以作爲內在的煞車，或許你就不會去做了。如果你什麼感覺都沒有，就沒有煞車可以阻止你前進。你可能會投資更多、向凱瑟琳求婚，或是跳下懸崖。

現在你已經熟悉了情緒的習慣化：如果某件事觸發了你內心的情緒反應，那麼在你每次遇到它時，情緒反應就會愈來愈少。因此，你在冒險（例如跳下橋）之前感受到的恐懼就會隨著冒險次數增多而減少。只要過去的這些冒險行爲沒有導致災難（也就是你安全地降落在湛藍的水中，而沒有摔破頭骨），情緒就會習慣化，但如果你最後骨折了，就會立即擺脫習慣化。

因此，假設你冒某種風險：雪夜過馬路、跳下橋梁、邊開車邊發簡訊、進行無保護性行爲、開車超速、投資高風險股票，或者活埋自己，而沒有招致不良後果，你的大腦就會評估這些事的風險低於最初的估計。畢竟一切都很順利，因此你更有可能一次又一次地從事相同的行為，並且非常自在地承擔愈來愈大的風險。

現在看來，這不一定不合理。參考你過去的經驗來估計風險並不瘋狂，你正在更新你的信念。但你沒有太多可以依賴的資料，你依賴的是少數碰巧進展順利的個人經歷，這往往會導致過度自信。

讓我們回到喬．伯勒斯的故事。喬並不是一天早上醒來後突然決定把自己活埋在數噸水泥下的塑膠棺材裡，相反地，他有多年在各種情況下由各種箱子逃脫的經驗，所以他覺得能夠安心地躺進棺材。就是因為太安心，因此順理成章的下一步似乎該在地下進行。當他由地下幾呎深的地方逃脫之後，他又想要再做一次，這回要在棺材上面鋪水泥的想法，對他來說似乎很合理。喬承擔的風險愈來愈大，而每一次他對風險的看法都偏離事實更遠。

歷史上充滿了風險愈冒愈大的人物，直到最大的風險在他們眼前爆炸。以英國前首相大衛．卡麥隆（David Cameron）為例。用史學家安東尼．塞爾頓（Anthony Seldon）的話來說，「卡麥隆會被人們銘記為大風險家，在二〇一一年讓英國在利比亞發動戰爭，二〇一三年準備參與敘利亞戰爭，卻因國會反對而失敗，二〇一四年舉行蘇格蘭獨立公投，二〇一六年舉行英國脫歐公投……最重要的仍然是舉行脫歐公投的決定，這是政治史上賭注最大的賭博之一。」[8]

卡麥隆認爲公投必定萬無一失，英國人民一定會投票支持英國留在歐盟，這樣就能削弱他對手的力量。結果情況並非如此。卡麥隆的賭博讓他以五十之齡結束了政治生涯，也改變了英國歷史之路。

人們會因習慣化之外的多種原因，而承擔愈來愈大的風險。逃脫藝術家可能會因爲他們的壯舉而獲得愈來愈高的經濟報酬，政壇人物可能需要冒愈來愈大的風險才能繼續留任。然而，習慣化仍然扮演著重要角色。

舊的／新的風險

我們大多數人沒有低估政治風險或活埋危險的問題。然而，每一個人身上都有一點大衛・卡麥隆和喬・伯勒斯的影子。

回想一下新冠肺炎疫情。在封鎖剛開始時，塔莉和她的同僚訪問了一大群人是否認爲自己會被感染，以及他們認爲新冠病毒有多危險。[9]當時人們認爲風險很高；他們感到恐懼而謹愼。幾週後（早在疫苗推出之前），塔莉再次訪問他們。人們已經變得愈來愈放鬆，相信風險並不如想像中那麼大。雖然在疫情最初幾週，風險沒有太大的變化，但人們得到了應對威脅的經驗，並且習慣聽到染疫的病例。儘管死亡人數不斷增加，但人們親自體驗到的病毒卻大多是輕微的。

結果大部分的人更有可能做出讓自己面臨感染危險的舉動。可以肯定的是，有些人一開始誇大了風險，而有些人則低估了風險，但整體模式是脫除敏感（desensitization，去敏）。

對不熟悉的新風險比對熟悉的舊風險更警覺是很常見的反應，[10]而且這未必非理性。正如我們所說，人們應該由經驗中學習。然而，請記住，經驗是有限的，可能無法傳達全貌。我們經常對相對較新但並沒有什麼大不了的風險過度恐懼（想想基因改造食品），卻對讓許多人致命的舊風險毫不在意（想想危險駕駛或不健康的飲食）。

「畏懼新的，勇於舊的」這個普遍現象，是風險習慣化所造成的。隨著新的、不熟悉的風險不再新奇，人們可能會認爲它比實際的情況要安全。習慣化是經驗豐富的投資者比經驗不足的投資者採用更高風險投資組合的衆多原因之一。[11]

在建築工地和其他工作場所，也可以觀察到相同的趨勢。大多數事故發生都是在專案的後期而非初期。[12]隨著時間進展，工人逐漸習以爲常。他們愈來愈不覺得恐懼，因此採取的預防措施也愈來愈少。

記者尼爾・史威迪（Neil Swidey）就曾報導波士頓港長達十年清理工作的精彩故事。[13]如果你今天訪問波士頓港，就會看到令人驚嘆的清澈藍色海水，點綴著白色的帆船。但只不過二、三十年前，這個港口卻是全美國最骯髒的港口。受到污染的水域布滿了碎片。港口的翻修改造是複雜的工程壯舉，雇用了數百名工人，耗資四十億美元。它還犧牲了幾名工人的生命，他們都是在專案的後期喪生。

這個十年專案快要完成時的一次高風險任務導致兩人死亡。五名潛水員被送入海床下數百呎的隧道中，負責拆除沉重的安全塞。隧道沒有氧氣和光線，最窄的地方直徑只有五呎。潛水員要一路走到十哩長隧道的盡頭，然後進入一連串只有三十吋寬的管道。

儘管這個計畫很複雜，但潛水員只接受了兩週的訓練，並且仰賴的是實驗性質的呼吸器。在過程中，由於呼吸器失靈，只有三名潛水員安全逃離，回到水面上時只剩下三十秒的氧氣存量。

史威迪指出，悲劇的發生是因爲專案經理和團隊接受了低安全標準。儘管同一位經理和團隊在過去十年中表現了完美的判斷力和謹慎的態度，但到最後他們還是疏忽了安全。看到結束在望，並且因爲一直都沒有出任何差錯，使他們對風險產生扭曲的看法。

安全專家朱尼・達曼斯（Juni Daalmans）說：「我們全都聽說過鋸木廠的工人切斷手指的案例，這種情況通常發生在擁有多年經驗但喪失了風險敏感性的人身上。」[14]他解釋說，你不必當鋸木工、潛水員或魔術師，就能體會新／舊風險經驗的轉變；說不定你在家裡也有類似的經歷。「習慣化是家庭風險敏感度普遍較低的主因之一。很多事故發生在家裡，就是因爲我們太鬆懈了。」他說，「五〇％的嚴重事故發生在家庭環境中，這是習慣化的直接結果。」[15]

風險習慣化影響我們所有人——在廚房、遊戲場、游泳池和馬路上，每年有三萬八千名以上的美國人死於這些地方。許多駕駛人因爲已經開了很久時間的車而沒有發生事故，因此沒有那麼小心。

我們該怎麼做，來克服這個問題？

HÖGERTRAFIKOMLÄGGNINGEN：「改變現狀」

就在一九六七年九月三日星期日凌晨四點五十分整，瑞典的交通停頓了。汽車、卡車、巴士、機車和自行車全都停下來，然後小心地移到馬路對面。

這一天被稱爲Högertrafikomläggningen，翻譯過來就是「道路通行方向改爲靠右行駛」，簡稱H日。就在這一天，瑞典道路系統由左側行駛改爲右側行駛，用意是使瑞典與其他北歐國家一致。人們擔心這樣的改變會使駕駛人感到困惑、轉錯方向，或在超車時與其他車輛距離太近。這似乎是完全合理的憂慮，然而令人驚訝的是，這樣的轉變並沒有導致交通事故增加，正好相反，事故和死亡人數大幅下降！汽車保險索賠的數量下降了四〇％。[16]

是什麼導致了這種下降？你很可能會疑惑。也許是因靠右行駛比靠左行駛安全？但這不可能是答案，因爲奇蹟般的改善只持續了兩年。主要的原因應該是風險的「去」習慣化。[17]

如果你把人們由他們習慣的環境中拉出來，他們對風險的看法就會重新設定。這正是H日發生的情況。在道路突然由靠左行駛轉向靠右行駛後，人們擔心發生車禍的風險變高，因此開車時格外小心，發生事故的人也較少。經過一段時間，人們又習以爲常了，事故數量也就恢復正常。但在那二十四個月裡交通事故的減少，代表許多人因此保住了性命。

這裡有一個整體的教訓。如果你想讓人們——你的青少年兒子、你的員工、你自己，對某種風險去習慣化，就得要「大調整」。不時地改變環境、改變背景，讓人們走出自己的舒適圈。例如變更員工在輸送帶上工作時的位置，或變更建築工地警告標誌的顏色。透過稍微調整物體，就能夠提高注意力，並改變風險認知。

美國食品藥物管理局（FDA）在二〇二〇年的規定中，要求每一季輪換有關吸菸風險（增加罹患癌症、心臟病等疾病的可能性）的各種圖像式警告。[18]假設你看到一幅警告圖，描繪醫院裡的肺癌病患。在你看到警告的第一次，或甚至前五次，都可能會使你感到驚恐。但過了一段時間後，你可能就會習慣了。描繪的情境可能會變得像背景噪音，這正是FDA所憂心的問題。FDA認爲，輪換不同的警告可能會減少習慣化，喚起人們的注意。因此解決的方法是描繪一個在醫院的肺癌患者，一段時間後改爲描繪一個滿口腐爛黃牙的人，依此類推。

類似的方法已經在網路安全彈出警告做過測試。[19]你可能很熟悉這些彈出的警告訊息模式；你正試圖進入lookagainbook.com，但另跳出一則訊息，告訴你加密和認證協議有問題。這表示造訪該網站，你可能會讓其他人竊取你的資料，包括電子郵件、簡訊、銀行帳戶資料、信用卡號碼、照片等。許多人忽略這些警告，依舊造訪網站。IT安全專家認爲，這種行爲的一種解釋是，人們已經習慣了這類的安全警告。由於警告出現得太頻繁，用戶甚至不再注意到它們。

爲了研究這個問題，Google、匹茲堡大學和楊百翰大學的研究人員，記錄了看到一連串彈出警告者的大腦活動。[20]他們發現，彈出警告第一次出現時，處理視覺刺激的視覺皮質活動很強烈。同樣的警告第二次出現時，視覺活動顯著下降，第三次出現時，視覺活動進一步下降，依此類推。這是典型的神經適應。

因此研究團隊決定要徹底調整它。[21]他們把這些警告做了一些改變，讓它們旋轉、抖動、放大和縮小。這降低了神經適應，不僅視覺活動下降幅度較小，而且追蹤用戶的滑鼠移動顯示，這種不同尋常的警告吸引了更多用戶的注意。去習慣化的解答就是**改變**。改變環境，改變規則，讓人們**驚奇**，就會打破習慣。

模擬災難

另外一種促成去習慣化的方式，是讓人們體驗到負面的結果。想像一下，你正在用筆記型電腦努力工作，突然出現一條警告訊息：「你的連線不是私人連線。攻擊者可能會試圖竊取你的資料。」你忽略了這則訊息，就像先前很多次那樣。然而，這一回有所不同。

在幾秒鐘之內，螢幕上的指示燈開始閃爍，瀏覽器關閉。當混亂平息後，你重新啟動筆記型電腦，但情況不太對勁。在你試圖登入你的電子郵件帳戶時，密碼不起作用，你也無法存取你的銀行帳戶。你的心臟快要由胸腔跳出來了，你冷汗涔涔，身下積了一灘水。你致電銀行，令你驚恐的是，你的帳戶已被提空。未來你再次忽略網上安全警告的可能性有多大？我們猜一定微乎其微。你受到嚴重的損害，因此由現在開始，你將會更重視網路上的安全。

現在，想像一下幾個小時後你的配偶來電，原來是他駭進了你的帳戶，要給你一個教訓。你所經歷的是「模擬」。模擬可以讓你體驗災難並感到害怕，但實際上並不會受傷。這樣做可以打破風險習慣化。即使你沒有經歷眞正的網路攻擊，這個事件也會改變你的行爲。

虛擬實境是可用於模擬負面結果的工具。例如，想像建築工人使用３Ｄ眼鏡體驗一場虛擬的事故。[22]這個事故可能是一塊木板裂成兩半，使他們迅速墜落到地面。墜落的感覺很眞實，會引發強烈的情緒反應。這種反應可能會重新設定風險承受能力，使人們在工地更加謹愼。

同樣地，模擬車禍的虛擬實境工具可以重新調整老練駕駛員的風險承受能力，就像飛行模擬器對飛行員所做的。虛擬實境會讓你的大腦誤以爲自己正在碰撞，但現實中並沒有如此。它會讓你去習慣化。

只是這種方法只有在人們不會在短時間內**反覆經歷**虛擬實境事故的情況下才有效；

否則他們會習以爲常，而非去習慣化。以塔莉與她的同事哈蒂所做的一項實驗爲例，[23]在這項研究中，志願參加者要走過一條懸掛在摩天大樓旁高達八十層樓的木板。木板是虛擬的，但感覺很眞實。雖然參與者知道他們實際上是安全地走在地板上，但沉浸式的體驗欺騙了他們的大腦，讓他們感覺自己正走在高空中的一塊薄木板上，下方的汽車和人看起來都很渺小，飛過的飛機和鳥兒顯得很大。這種恐懼很眞實，走在木板上感覺很危險。

有些人根本不肯在木板上邁出一小步，然而大多數人一開始都會邁出一兩

研究員哈蒂在塔莉實驗室的虛擬木板上行走。右圖是真實的情況，左圖是哈蒂正在經歷的虛擬實境。

步。他們下一次再踏上這塊木板時，又多走了幾步。再下一次，再度多走了幾步。到他們第五次至第十次之間，大多數人都可以一路走完木板，到邊緣後跳下去。隨著時間的進展，他們對走木板的感覺愈來愈不焦慮。我們之所以知道這一點，是因爲塔莉和哈蒂要求參與者在整個實驗過程中評估他們的感受，結果發現隨著時間進行，他們的焦慮感愈來愈低。

因此，如果你的目標是讓人們適應高度，那麼這樣的虛擬實境體驗就很有用；但如果你的目標是要人們更加謹慎，你就不希望他們重複用虛擬現實練習，因爲他們的恐懼可能會習慣化。

儘管我們不確定「一次性」的虛擬實境未來會不會更常運用在預防事故和誘導安全行爲上，但要實現預防事故的目標，並非一定需要科技。重設某人風險認知的另一種方法，是讓他們「在現實生活中」受到傷害，但只有一點點的程度。以兒童爲例。意外是造成兒童死亡的最大原因，[24]其中一些意外是風險習慣化所造成的。如果孩子們做出了相對危險的行爲，例如由高高的圍籬上跳下來，但沒有受傷，他們就會變得過於自信，失去恐懼感，讓他們去做更危險的行爲。但如果你容許你的孩子遭受輕微的傷害，就可能會降低孩子將來遭受更嚴重傷害的可能性。這是因為一個小小的負面結果可以讓他們恢復謹慎。

我們不能總是確保人們只受到「一點點」傷害，因此另一種去除習慣化的常見方法，尤其是在私人和公家機構中，就是定期訓練，目的是提醒員工持續存在的風險（例如與網路安全相關的風險）。這類訓練可能會讓員工對相關危險有鮮明清晰的認識，即使他們自己還沒有直接經歷這些危險。例如，可以透過分享其他人意外和不幸的詳細故事來做到這一點。了解他人的不幸常常會引發情緒反應。

即使透過訓練、虛擬實境，和「大調整」，還是可能會發生風險習慣化的情況，因此我們需要額外的解決方案，而不僅僅是依賴個人的選擇。也就是說，我們需要確保活動安全的結構性解決方案，即使人們無所畏懼或過度自滿，也能夠防止意外的發生。這樣的解決方案通常是最好的做法。例如，政府可以直截了當地規定，勞工不能接觸某個程度的致癌物質。政府並不是要求勞工避免接近致癌物；而是直接禁止，不容爭議。

同樣地，你得戴機車安全帽或繫好安全帶，即使久而久之，你對自己不會受傷產生了誇大的印象，也一樣可以保持安全。自動車的一個好處就在這裡，它們不依賴駕駛人的警覺性，即使駕駛人過於自信，或者注意力不集中，它們也應該能夠避免意外的發生。同理，「安全設計」（Secure By Design，指軟體的設計基礎包含安全的考量）是把網路安全融入科技產品的努力。

風險習慣化的優點

由魔術師到駕駛人，我們一直在強調風險習慣化怎麼導致意外和損失。然而，通常在一個心理過程看起來不理想時，更深入探索就會發現，它的演化其實有充分的理由。

如果沒有風險習慣化，我們就可能會成爲一群因恐懼而陷入癱瘓的焦慮群衆。我們每個人都會恐懼，有些恐懼比較理性。也許你害怕高處、搭機飛行、游泳、傷心、公開演講、看醫生或遭受批評，這就是習慣化派上用場的地方。如果你刻意讓自己接觸你所害怕的事物，你的恐懼就會慢慢消退，你就會有勇氣去拓展你的世界。在第一次做某事時，你可能會感到害怕。（你還記得自己學游泳的時候嗎？你第一次在高速公路上開車？你的初吻？）但是你做的次數愈多，你就會變得愈放鬆。如果你的大腦不斷地對過去未曾傷害過你的刺激做出強烈的恐懼反應，就會讓你筋疲力盡、受到壓迫束縛。

風險習慣化對於人類的進步攸關緊要，即使它會造成我們低估風險。人類需要低估自己風險的人（企業家、太空人、藝術家、運動員），讓少數成功的人擴大人類全體的界限——因此，用偉大的攀岩者霍諾德的話來說，「看似徹底瘋狂的目標最後落在可能的範圍內。」[25]

第9章

環境：你可能夏天住在鄉下的養豬場旁

他能夠適應讓我們陶醉於力量的科技和人口不受控增長的破壞性影響，並適應像紐約或東京的污垢、污染和噪音。這就是悲劇。

——何內．杜博斯（René Dubos）1

最近，塔莉在由紐約開往波士頓的火車上凝視著窗外，美麗的白色房子羅列在鐵軌兩旁。她想知道火車行駛的咔噠聲是否會讓住在這些房子裡的居民受不了，所以她就做了任何盡忠職守的社會學家都會做的事：上問答網站Quora尋求答案。

她發現自己腦中的任何想法先前都已經有無數的人想過，而且在網路上留下永久的紀錄，實在教人既欣慰又不安。先前已經有好幾個人問過和塔莉同樣的問題，許多人也分享了他們的經驗作爲回應。在鐵軌旁長大的恩奇・納雷寧（Unci Narynin）說：「你會經常聽到火車駛過的聲音。我可以開窗睡覺，不會受它們干擾。但我注意到親戚來訪時，他們會不習慣這種聲音，火車會讓他們受不了，無法入睡。」[2]其他住在鐵軌附近的Quora用戶也同意納雷寧的觀點。他們說，經過一段時間後，他們就習慣了火車的聲音，但訪客卻感到困擾。

「情況可能會更糟，」住在機場跑道附近的布雷迪・韋德（Brady Wade）說，「比如在夏天，你住在鄉下的養豬場旁邊。」[3]住在養豬場附近的人可能不同意；因爲他們可能習慣了嗷嗷豬叫和牠們的氣味，反而是住在機場跑道附近的念頭讓他們害怕。正如喜劇演員羅伯特・奧本（Robert Orben）所說：「噪音污染是相對的。在城市裡，那是噴射機起飛的聲音；在修道院裡，是鋼筆刮紙的聲音。」[4]不只是噪音污染，空氣污染、光害、水污染——它們都是**相對的**。它們對你造成困擾的程度取決於你過去的經驗。「人類自然會適應，我們會不知不覺地學會與這些壓力共存。」韋德說。[5]

這種非凡的能力幫助我們維持勉強過得去的生存狀態。你已經習慣了喧鬧的噪音、難聞的氣味、骯髒的空氣和污穢的水。然而，正如我們即將看到的，你適應各種污染的能力，得要付出高昂的代價。

一切都是相對的

塔莉在紐約市生活了幾年，但如今她一年中大部分時間都住在麻州一個安靜的小城。由於新冠疫情大流行，她已經有兩年沒有去紐約了，然而一等她回到紐約，就感覺到這個都市像以往一樣充滿魅力和刺激。只是它似乎也有點髒亂、有點忙碌、氣味更重。是紐約變了，還是塔莉變了？一項研究可能會給我們一些線索。

一九八〇年代初，加州大學洛杉磯分校（UCLA）的新生受邀參加一項有關遷徙的研究。[6]洛杉磯有個不良聲譽，在全美空氣最差的都市排行榜上名列第一，*[7]在西方已開發國家也名列前茅（緊隨其後的是紐約市）。更糟的是，洛加大的校園正好位於霧霾特別嚴重地區的中心。新生在三週前就已經全部住進校園，有些學生來自市內其他社區，也有些人來自其他城市，包括檀香山和波特蘭等空氣污染程度較低的都市。

蘇珊娜和達瑞爾是志願參加這項研究的兩名新生。達瑞爾在洛杉磯市鬧區長大，蘇珊娜則是在懷俄明州夏安（Cheyenne）長大，那是美國空氣最乾淨的城市之一。他們抵達實驗室後，研究人員給他們看城市天際線或後方有青山的山谷等戶外景象的照片，其中一半的照片有霧霾，一半沒有；如果是有霧霾的照片，霧霾的量也由很多到很少不等。蘇珊娜和達瑞爾兩人必須判斷每一張照片上是否有霧霾。蘇珊娜判斷照片中有霧霾的次數比達瑞爾高得多，達瑞爾僅僅在照片中霧霾濃度相當高時，才會說有霧霾。蘇珊娜和達瑞爾感知到的霧霾程度來自於他們習慣化的結果。

不只是蘇珊娜和達瑞爾；由空氣清新的地區抵達洛加大的學生更可能會注意到空氣污染。這表示你感知周圍環境的依據不是空氣中懸浮顆粒數量的客觀標準，而是根據你所熟悉的主觀標準。這些標準有所不同，取決於你住在倫敦還是莫斯科、哥本哈根還是北京、紐約市還是麻州郊區、洛杉磯還是檀香山、柏林還是羅馬。

想像你出生在一個充滿霧霾的城市，而且從未離開它。你會認爲霧霾是正常的，只

* 我們注意到不同的表上排名略有不同。

有在空氣中的霧霾含量超過你習慣的基準時，你才可能會感覺到污染。但如果你一生中大部分時間都生活在空氣潔淨的地區，你已習慣蔚藍的天空，因此即使只有一點點霧霾也會很明顯，它可能會讓人吃驚。這就是爲什麼人們常常沒有意識到自己生活在高度污染的環境中。例如在英國，儘管有八八％的地區空氣污染超過法定標準，卻只有一〇％的人口認爲他們所住地區的空氣品質較差。8

由此可見，如果你在霧霾嚴重的地區生活了一段時間，不再察覺到霧霾，那麼你就不會認爲霧霾是問題。這正是研究人員發現的結果。在研究人員要求學生列出校園內的社區問題時，像蘇珊娜這樣新到洛杉磯的學生比像達瑞爾這樣長期住在洛杉磯的學生更可能會提到霧霾。來自懷俄明州的蘇珊娜、來自夏威夷的艾塞爾和來自奧勒岡州的賴瑞等學生，比來自洛杉磯市中心的達瑞爾或來自北好萊塢的哈麗特等長期住在洛杉磯的居民更可能會提到呼吸系統問題。達瑞爾和哈麗特認爲他們的健康不像其他新到洛杉磯的人那麼容易受到霧霾的影響。9

達瑞爾和哈麗特的想法正確嗎？他們是不是因爲在霧霾瀰漫的城市長大，所以身體比較不容易受到霧霾的影響？

他們的說法可能有一點眞實性。有些研究顯示，人的身體可能會發生變化以適應污染。由生理上來說，如果你接觸潛在有害污染物一段時間，你對這些污染物的反應可能會減弱。[10]但達瑞爾和哈麗特也可能只看到好的一面。大多數人都透過玫瑰色的眼鏡來看世界（本書作者之一寫了一本關於這個問題的書）。[11]我們比較容易認爲自己比一般人更聰明、更有趣、更幽默。我們認爲自己感染新冠病毒的可能性比其他人低，[12]發生車禍的可能性更小，更可能獲得升遷。我們認爲我們的醫療保健系統比附近其他城市更好。在氣候變遷方面，我們許多人看到了整體的危機，卻相信我們自己的城市不會有事。[13]

這其中有些是一種否認的形式；有些則是強調一線希望和合理化。因爲達瑞爾和哈麗特一生都在污染嚴重的城市度過，所以他們更有誘因，相信自己對霧霾特別有抵抗力。把霧霾和噪音視爲無害，認爲自己對這些事物免疫，可以幫助達瑞爾和哈麗特減輕壓力和焦慮。

在理論上，由空氣清新的懷俄明州搬到洛杉磯的蘇珊娜一開始可能會因爲污染而感到不快樂，之後隨著她習慣了污染，應該會變得更快樂。然而令人費解的是，在現有的資料中很難看到這樣的趨勢。也就是說，人們在污染地區生活一段時間後不一定會比他們剛抵達時更快樂。[14]

我們詢問了麥基爾大學（McGill University）健康與社會政策研究所副教授克里斯多福．巴林頓－李（Christopher Barrington-Leigh）：爲什麼會如此？他的答案是：「怎麼把其他的位置固定效應（location-fixed effect）與你有意居住之處的污染分開？似乎很難！」

讓我們翻譯一下。克里斯多福的意思是，當人們由一個地方搬到另一個地方並適應時，許多不同的因素會影響他們的幸福感，這些因素中，有許多與污染完全無關。（他們有朋友嗎？有沒有好的停車位？有沒有好工作？）另有些因素與污染高度相關。例如，污染地區可能交通壅塞，代表通勤的時間更長。污染地區可能人口更多，這代表社交機會更多。所有這些因素都會由不同的方向影響你的幸福感，幾乎不可能光是以污染本身對幸福感的影響，來闡釋人們在適應新環境時的所有這些因素。

因此，雖然在空氣污染和幸福感方面已經有一些研究，但重要的問題仍未得到解答。這項研究確實顯示，檀香山（或波特蘭，或任何其他乾淨城市）的居民未必比洛杉磯（或紐約市，或任何其他污染城市）的居民更快樂。但在污染比當地季節性平均值嚴重時，人們往往會比其他時候更不快樂。[15]污染的短期變化會降低幸福感，這是習慣化的有力證據。也就是說，如果你習慣了清新的空氣，但或許因爲大風的關係而突然經歷了霧霾嚴重的一天，你那天的幸福感就會比其他日子低。但如果每天都有大量的霧霾，你的幸福感就可能不會受到太大影響。

每天沐浴〇．七次

學者用控制嚴格的實驗，呈現了更清晰的畫面。實驗室的實驗能夠控制許多因素，這是訪問調查很難做到的。一九九〇年代初，學者在丹麥進行了一項研究。兩位科學家拉斯．甘納森（Lars Gunnarsen）和奧萊．芬格（Ole Fanger）邀請了一群丹麥志願者來冷暖空調實驗室（Laboratory of Heating and Air-Conditioning）的氣候室。[16]由於氣候室受到嚴格監管，拉斯和奧萊可以完全掌控和測量氣候室的空氣成分。

首先，拉斯和奧萊要求八人爲一組的參與者進入一間封閉的房間。研究人員卽將要測試的污染是參與者自己造成的。不要誤會我們的意思；參與者很乾淨，他們報告自己每天更換內衣褲，平均每二十四小時沐浴〇・七次。然而，每一個人都散發出異味，污染空氣。

拉斯和奧萊發現，剛進入房間時，人們報告的氣味強度比在八分鐘後高得多。而又經過兩分鐘後，他們說只有輕微的氣味，當然是他們可以接受的程度。

當拉斯和奧萊要求參與者進入香菸煙霧瀰漫的房間時，也發現了類似的模式。年紀夠大的人可能還記得從前進入充滿煙霧的俱樂部的經歷（這是在立法禁菸之前）；在你穿過煙霧繚繞的室內時，香菸氣味充滿了你的肺。你甚至可能還記得飛機上有許多乘客吞雲吐霧。神奇的是，不到二十分鐘，大部分的人就忘記了濃重的煙霧——一直要到第二天，當菸味由前一天晚上的衣服進入他們的鼻孔時，他們才會想起它。[17]

兩位丹麥科學家得出的結論是，對污染的習慣化可能是人們對空氣品質不好的封閉區域投訴相對較少的原因之一。只要氣味相對恆定，即煙霧或體味的濃度不會突然改變，人們就會在短時間內習慣它。

要讓人們關心惡劣的空氣品質，無論是室內還是室外，都需要去習慣化。如果人們不再習慣菸味或霧霾，就較有可能要求更好的情況。比如使用「潔淨空氣室」，暫時去除人們對污染的習慣。這個做法是打造空氣品質高的小空間，讓人們可以由空氣污染中獲得短暫的休息。一旦人們走出潔淨空氣室回到街上，他們就更可能會注意到污染。

你可能會疑惑，爲什麼人類會演化出這種大腦，使我們在短暫的習慣化時期後就不再感知氣味、霧霾或菸味。要回答這個問題，請想想音訊編輯。當技術人員在錄製一個片段時，比如紀錄片的採訪，他一定會錄製幾秒鐘的「安靜時間」。這段錄音提供了背景噪音（例如空調和交通的聲音），以便他稍後可以減去這種聲音，以凸顯重要的部分（例如對話）。我們的大腦就像專業音訊技師一樣編輯輸入的資訊。它過濾掉噪音、氣味，和其他「背景」刺激，以便潛在的重要新刺激很容易就被偵測到。這對於生存十分重要。

想像一隻狗在種滿玫瑰的花園裡躺了幾個小時。這隻狗的嗅覺神經元好一陣子前就停止了對持續不斷的玫瑰氣味產生反應，使牠更容易察覺迅速逼近的土狼所散發的微弱氣味。[18]這樣當然很好，可是當大腦過濾掉一些並非無害，只是非常非常非常緩慢地殺死我們的「背景刺激」時，問題就出現了。

溫水煮青蛙

一切都始於一八六九年，當時德國生理學家弗里德里希・戈爾茲（Friedrich Goltz）著手尋找靈魂的實體位置。他揣測靈魂存在於大腦中。爲了驗證這個假設，他用兩隻青蛙進行了實驗。一隻青蛙健康、完整無缺，全身黏答答的。另一隻青蛙也是黏答答的，但牠的大腦已遭切除。戈爾茲把牠們放入一大鍋水中，然後慢慢把水煮沸。[19]猜猜接下來發生了什麼事？

確實，沒有大腦的青蛙仍然留在鍋子裡，因爲沒有神經系統的青蛙無法跳躍。在水溫達到攝氏二十五度時，健康的青蛙縱身一躍，跳出了鍋子。

然而幾年後，兩位科學家海因茲曼（Heinzmann）和弗拉茲舍（Fratscher）進行的另外兩項研究卻發現了與此矛盾的結果：只要是逐漸加熱，健康的青蛙就不會試圖逃離沸水，[20]牠們渾然不覺地泡在水裡，沒有意識到溫度正在逐漸升高，直到爲時已晚。

爲什麼這兩位科學家與戈爾茲觀察的結果不同，還不得而知。不論如何，溫水煮青蛙很快就用來比喻緩慢發生有害變化的危險，氣候變遷就是一個著名的例子。

在進行更多的研究之後，人們發現戈爾茲的觀點終究是正確的。當水達到一定的溫度，不論加熱的速度多緩慢，青蛙**還是會**改變位置。[21]這引發了熱烈的爭論，究竟用溫水煮青蛙的故事來比喻人類適當與否？諾貝爾獎得主[22]和《紐約時報》暢銷書作家[23]都對此事發表了強烈的意見。有人說不，用這個類比並不恰當，因爲我們知道青蛙終會跳出水面（假設牠有完整的大腦）。其他人則認爲，只要淸楚說明科學證據顯示青蛙會及時逃離鍋子，就可以用這個類比。[24]

我們對溫水煮青蛙的故事提出一個新的觀點，或許所有的人都能接受。這隻青蛙放在一鍋逐漸加熱的水中，牠是複雜的生物：因此牠在被沸水煮死之前跳出了水面，卻發現鍋子漂浮在一大片水面上，而那片水本身正在非常非常緩慢地加熱。牠們無處可逃！

熱，更熱，燙，更燙，燃燒

拋開兩棲動物不談，我們人類在溫度逐漸升高的時候，會平靜地在鍋裡漂浮嗎？還是會尖聲喊叫？麻省理工學院、加州大學戴維斯分校、溫哥華和博爾德（Boulder）的科學家在推特上尋求答案。[25]他們疑惑在令人不安的天氣趨勢逐漸發生時，人們會不會注意到它們？如果人們會表達意見，必定會上推特。

想像你住在倫敦，有一天天氣相當熱，例如攝氏三十二度，你可以打賭人人都會對天氣表示意見。相較之下，如果你在杜拜，沒有人會對攝氏三十二度大驚小怪，但飄起一陣雪花必然會議論紛紛。人們會注意並談論天氣，如果它和人們習慣的天氣截然不同——如果它令人驚訝。

現在想像一下，如果在過去十年裡，杜拜每一年都會發生一場大雪。如果風雪再度降臨時，你會費心告知親朋好友嗎？如果你住在倫敦，碰到攝氏三十二度的天氣，前一天是攝氏三十一度，再前一天是三十度，再前一天是二十九度的氣溫——你還會向同事提到炎熱的天氣嗎？

以法蘭西絲．摩爾（Frances Moore）爲首的一群科學家窺探了人們在推特上的對話以尋求答案；在二〇一四至一六年間，他們測量了每週與天氣相關的推文數量，結果發現，如果在相關的時間和地點，天氣出現異常情況，人們確實會在推特上發表更多有關天氣的推文。也就是說，如果緬因州的濕度很高，你會在緬因州看到許多與天氣相關的推文，但在濕度相同的佛羅里達，卻不會引發推特風暴，因爲佛羅里達的天氣通常就很潮濕。在一段時間內氣溫都高於基準線的地區，熱天時出現的天氣文比冷天時要少。在一段時間內天氣都比平均值更冷的地區，冷天時的天氣文就比熱天時要少。

平均而言，人們經歷二至八年的時間，就不會再認爲極端氣溫不尋常。發生這種情況是因爲人們調整了對「正常」的觀點。最後，極端天氣被認爲只是地球的常態。

法蘭西絲和她的團隊認爲，他們的資料顯示出「溫水煮青蛙」的效應，並警告，「環境逐漸變化的負面影響變得正常化，因此人們永遠不會採取糾正的辦法。」[26] 習慣化會創造障礙，因爲如果人們沒有察覺變化，就不會看出問題。如果沒有這樣的認識，氣候活動人士的工作就會更加困難。

仍然有一個問題：如果天氣逐漸變化，我們是否不會**感覺**非常熱或非常冷，抑或我們只是沒有在推特上發表有關它的推文？我們在情緒和身體上是否習慣了天氣變化？法蘭西絲和她團隊的資料並沒有找到證據。然而，仔細控制體溫並測量生理反應的研究顯示答案是肯定的。

減少發抖

一九六一年三月，來自肯塔基州諾克斯堡（Fort Knox）的一群軍人參加了一項不尋常且有點不舒服的實驗。[27]他們脫光衣服，然後每天在有溫度控制的房間裡待八小時，總共三十一天。這些房間的溫度精準設定在攝氏十一點八度，而一般正常的室溫則是介於攝氏二十至二十五度之間。研究人員每天都會測量受測者的生理反應，他們發現這些裸體男人發抖的情況一天比一天減輕。

發抖是對寒冷引起壓力的反應；因爲肌肉運動而產生熱量。雖然受測者發抖的程度減少了，但他們的肛溫（我們說過這個實驗並不舒服）仍然保持不變。這表示這些軍人的身體已經適應了寒冷的溫度——他們不必發抖，就產生了足夠的熱量。

你可能會疑惑，是否因爲軍事訓練，而使軍人特別容易習慣寒冷，但諾克斯堡的軍人並非特例，在一般老百姓中也有同樣的現象。例如在二〇一四年，另一組男性每天在攝氏十四度的水中泡三個小時，持續二十天。[28]我們不知道他們每天在浴缸裡泡這麼久在做什麼。但不論如何，研究人員再次觀察到發抖的情況隨著時間進展而減少。這些男性也表示不適的感覺愈來愈輕微，驗血的結果顯示，隨著時日增加，他們的壓力減輕，他們逐漸習慣化了。

我們全都有在生理上適應不舒服天氣的能力，只是許多人不讓這種自然的過程發生。我們喝熱茶和雞湯來對抗寒冷；我們戴手套，戴羊毛帽子和圍巾，並生起溫暖的火。同樣地，我們用冷氣、冷水澡和冰茶來對抗熱。嚴格來說，改變我們的行爲以減少冷熱的困擾是一種適應，但它會阻礙生理上的適應。要讓身體適應嚴寒或酷熱，就得放棄外套和風扇，每天幾次讓自己接觸到不適的氣溫。如果能這樣做，我們的身體幾週內就會開始發生變化，讓我們感覺不那麼冷或不那麼熱了。[29]

可以確定的是，我們的習慣化和適應能力是有限的，暴露在極端的溫度下最後會讓你喪命，但在合理的範圍內，習慣化快速且有效。回想一下你上次跳進冷水池或進入熱氣騰騰三溫暖房的情景。在最初的幾秒鐘內，你的感覺很強烈，但隨後迅速消退，有時甚至完全消失。

行爲適應（打開冷暖氣、洗冰水浴、穿上長袖運動衫、安裝雙層玻璃窗），極端情況正常化（在極端天氣、霧霾和持續噪音頻繁出現時，把它們視爲正常的現象），和生理的習慣化（我們的身體適應環境的自然傾向）都使我們能夠在熱、冷、霧霾和噪音的情況下繼續運作，但可能會付出代價。習慣化和適應會讓我們快樂地漂浮在逐漸加溫的鍋子裡，但不會永遠。環保人士杜博斯[30]認爲，習慣化和適應將使我們能夠在生態危機中生存下來，但最後會破壞人類的生活品質。有些人甚至比他更不樂觀。

IFR，而非VFR

關於空氣污染，尤其是氣候變遷的爭論很複雜，顯然有許多政治和經濟因素在影響人們的觀點。比較不明顯的是，由於習慣化，空氣品質和氣候的重大變化將被忽視。

人們注意到快速的變化：洪水、野火、酷熱和乾旱都清楚可見。但當溫度和天氣逐漸改變時，我們可能無法察覺。有些我們現在沒有注意到的變化，到頭來可能會對我們的生活產生嚴重的負面影響。這些變化增加了發生極其有害事件的風險，而我們可能無法及時解決，直到最後爲時已晚。然而，藉由**測量我們可以測量的事物**應該更容易看到問題：溫室氣體以及標準空氣污染物的排放，例如懸浮顆粒、臭氧、氮氧化物、鉛和二氧化硫。

對於許多環境問題，習慣化使得我們的知覺和感受不足以作爲什麼是好或壞、安全或危險的指標，因此我們需要找出客觀評估風險的方法。我們需要由使用目視飛行規則（VFR，Visual Flight Rules）切換到使用儀表飛行規則（IFR，Instrumental Flight Rules）。

在能見度良好和晴朗的天空中飛行時，飛行員可以依賴自己的眼睛和大腦來評估飛機的位置，以及需要採取哪些措施才能安全降落在目的地。但是，只有在你看得清窗外的情況，使你的大腦能夠確定你所在的位置以及如何到達目的地時，用你的感官作爲飛行的判斷才安全。如果必要的資訊被雲、雨等阻礙，則必須依靠科技。

你的儀器將會指示你的確切位置、速度和角度。有時這些資料甚至與你的感覺相矛盾，就像飛行員眩暈之時，感覺飛機正在向天空上升，但儀器卻顯示它正在迅速向地面下降。忽視儀器而依賴感覺，導致了多起空難和多人死亡。

我們現在正進入IFR時期，不能只依靠視覺、觸覺、情緒和記憶來評估環境的變化。我們得要依靠科學和科技爲我們提供正確的資訊（例如在一段時間內的溫度變化），並運用這些資料來引導我們的行動。IFR，而非VFR。

PART

4
社會

SOCIETY

第10章

進展：打破低期望的束縛

我們必須學會如何感到驚訝，而不是學會調整自己。

——亞伯拉罕．約書亞．赫舍爾（Abraham Joshua Heschel）[1]

一九五〇年代初，一個名叫赫黑．布卡依（Jorge Bucay）的孩子在家鄉布宜諾斯艾利斯看馬戲團，[2]表演非常精彩：空中飛人、小丑、雜耍演員、魔術師，展現大膽的勇氣和令人驚嘆的美。然後還有動物！

由於對動物福利的顧慮，馬戲團動物現在已經很少見了，但在一九五〇年代，卻常常可以看見牠們：猴子、鸚鵡，當然還有大象。這些動物受訓練演奏樂器、騎腳踏車，跳舞。巨大的大象往往是孩子們的最愛。

赫黑也很喜歡大象。表演結束後，赫黑在散場的路上發現了一件謎樣的事：大象的腳被鎖在地上的一根小木樁上。小赫黑感到很困惑，木樁只是一小塊木頭，大象又大又壯，一定能輕易掙脫並逃跑？爲什麼牠沒有這樣做？

沒有一個大人知道。這個問題一直困擾著赫黑，直到五十年後，他終於遇到了一位知識淵博的人，告訴他答案。這人解釋說，在大象年幼時，牠被拴在一根插入地下的小木桿上。小象拚命想掙脫，但因爲牠很小，所以做不到。牠試了又試。過了一段時間後，小象就接受了牠的命運。隨著小象成長，牠有了巨大的力量，可以連根拔起大樹，並舉起沉重的石頭。牠雖可以輕易逃脫，卻從未再嘗試。

也許大象並沒有想到牠現在有能力逃脫，或者可能有不同的生活。限制牠的不再是牠的肌肉，而是牠的心理。

大象似乎在小時候就習慣了牠行動的限制，並且不再反抗它們。也許牠不再認爲限制是限制，也許牠終於明白自己的行動範圍有限，就像人類認爲自己無法像鳥類一樣飛行——這就是事實。所以大象不再那麼憤怒，不再那麼害怕，也不再那麼悲傷了。但牠還是被困在那裡。

上了枷鎖的女性

一九七四年之前的美國，根據聯邦法律，因性別而拒發信用卡給女性完全合法；一九六八年之前，因為申請人是女性而拒絕租房給她是合法的；一九六四年之前，因為性別而拒絕聘雇女性是合法的。在許多州，陪審團排除女性是合法的。婦女沒有平等的權利；許多女性發現很難獲得高等教育和找到有趣的工作，即使她們辦到了，薪水也沒有男性那麼高。婦女承擔大部分的家務和照顧孩子（現在仍然如此）。然而資料顯示，在一九五〇和六〇年代，女性的幸福感並不比男性差。當女性被問到她們有多快樂，請她們由「非常快樂」到「不太快樂」評分，她們的答案也與男性的答案相當，而且一些研究顯示，女性甚至比男性更快樂，[3]她們似乎也與男性一樣有自尊自信，這怎麼可能？

幾千年來，女性缺乏男性所擁有的權利，並受到普遍的歧視。婦女不能投票；她們無法擁有財產；在許多情況下，她們無法選擇婚姻的對象，她們遭到桎梏。雖然有些婦女對抗這些枷鎖，並獲得了重要的進展，但絕大多數婦女接受了她們的命運，習慣化發揮了作用，就像大象一樣，大多數女性並沒有反抗。我們揣測許多人對這些枷鎖視而不見，也許她們沒有意識到不同的生活是可能的。她們接受了現狀。低期望代表女性在被剝奪教育、工作和財產所有權時，習以爲常。

然而最後，試圖掙脫束縛的女性群體不斷壯大。在女權運動的幫助下，她們在一九七〇、八〇、九〇年代及以後獲得了巨大的成就。許多國家推出了反歧視法，更多的女性接受了高等教育並進入就業市場。但隨著枷鎖愈來愈脆弱，意想不到的事發生了，女性並沒有變得更快樂。事實上，她們的幸福感下降到在許多方面都不如男性。這種模式不僅出現在美國，也出現在比利時、丹麥、法國、英國、希臘、愛爾蘭、義大利、盧森堡、荷蘭、葡萄牙和西班牙等國。[4]

這並不是說不平等和歧視是好事，絕非如此。但它提出了一些嚴重的謎團。

如果看看各國女性自述的幸福感，你就會發現，隨著女性的社會條件變得更好，她們卻往往述說了**較低**的生活滿意度。女性似乎表示，她們在不平等程度較大的國家較快樂。[5]讓我們思考一下原因。

如今在許多西方國家，女性被告知她們擁有與男性同等的權利——成爲太空人、投資銀行家、法官，甚至首相或總統。女性擁有與男性同工同酬的合法權利，因此她們把自己的成就與男性同行做比較。但你猜怎麼著？

在現實中，機會離同等還差得遠。婦女在許多國家享有合法的權利，甚至是平等的權利，這是沒錯，但很多時候，歧視仍然以多種形式存在。婦女被告知，家務勞動應由伴侶平均分擔，然而世界各地的女性仍在洗衣服、買菜、照顧孩子、打掃、做飯、塡寫表格、輔導家庭作業。卽使她們的工作比男性伴侶更重，她們還是做著這些工作。卽使妻子是家中唯一的經濟來源，她們花在做家事上的時間依舊與失業的丈夫相同。這些婦女不僅得賺錢買麵包，還要把麵包切片，給孩子們做午餐三明治。[6]

相較之下，在一九五〇年代的美國（和其他國家），雖然女性也承擔了大部分家務，但許多人並沒有更高的願望或更大的期望，至少對於她們無法獲得的事情而言是如此。她們習慣了現有的社會規範。相較之下，現代西方社會的女性則期望平等，然而，每一天，這種期望都沒有實現。

你的期望（同工同酬、平等機會、尊重）與你所得到的（低薪、有限的機會、不尊重）之間的差距會造成不快樂。神經科學家把期望與結果之間的這種差距稱爲負面預測誤差（negative prediction error）。正如我們很快就會看到的，雖然這些預測誤差在短期內會引起不快，但它們對於進步舉足輕重。

出人意表！

你可能沒有意識到，但就在此刻，你的大腦正在嘗試預測接下來會發生什麼。這句話的下一個字是什麼？在你翻頁時，書頁在你手上的感覺是什麼？在你把熱杯子移向嘴唇時，咖啡會是什麼味道。如果你預測正確，就不會因爲液體的溫度或你讀到的下一個單字而感到驚訝。

你也會做長期的預測。「我會得到銀行副理的工作」、「喬琪娜要和我離婚了」、「滑雪道頂端會冷得要命」。大腦中幾乎每一個神經元都參與某種預測的原因很顯而易見——透過預測接下來會發生什麼，你就能做更好的準備。如果你做了充分的準備，就可以避免在滑雪道頂端凍僵，或者讓喬琪娜分走你的房子。

但有時你是錯的。出人意表！你竟沒有得到銀行副理的工作。出人意表！喬琪娜和你白頭偕老。

這些錯誤（或預測錯誤）很重要——它們是「教學訊號」，你可以由其中了解你周圍的世界，並糾正你的期望。有些錯誤很好（「喬琪娜留下來了！」），有些錯誤則不太美好（「沒有得到這份工作！」）。你的大腦必然有一個清晰的信號來顯示這件出人意表的事是好還是壞。這是因爲如果是驚喜，你就該繼續做你正在做的事情（善待喬琪娜，告訴她你愛她），但如果是不好的意料之外，你就得要做一些改變（改寫你的履歷表，累積更多經驗）。所以，雖然你大腦中的一些神經元只是發出「意料之外！」的信號，但其他神經元則編碼兩種類型的驚奇——好的和壞的。也許最「著名」的是多巴胺神經元（dopaminergic neuron）。

多巴胺神經元合成神經傳導物質多巴胺。神經傳導物質是一種化學物質，由一個神經元釋放到另一個神經元，作爲傳遞訊息的方式。多巴胺神經元不斷放電。甚至在沒什麼事發生時，它們依舊放電。但當某件事讓人產生驚喜時（「她愛我！」），它們會更加活躍，向大腦的其他部分發出信號，顯示剛剛發生的事情比預期的要好。但當某件事以不好的方式令人驚訝（「沒有得到工作！」），它們就會安靜下來。

這種不同尋常的安靜向大腦的其他部分傳遞了一個訊息：剛剛發生的事情比我們預

期的更糟。第一個信號稱爲正向預測誤差（positive prediction error），第二個信號稱爲負向預測誤差（negative prediction error）。預測誤差與你的情緒密切相關。當觸發了正預測誤差時，你會感覺很好，而當觸發負預測誤差時，你會感覺很糟糕。[7]

一般來說，一九五〇年代的女性負預測誤差可能比一九八〇年代的女性少，五〇年代的女性期望較低，比較不會有負面的意外。相同的邏輯適用於一連串情境。在人們降低預期時，糟糕的情況（例如貪污腐敗、健康狀況不佳，或被綁在木桿上）就不會那麼嚴重地影響他們的幸福感。[8]低預期代表沒有負預測誤差，這代表日常的惡劣狀況可能會遭到忽視。

低期望

人們的偏好會視有什麼可供選擇而定。社會理論學者約恩・艾爾斯特（Jon Elster）[9]和阿馬蒂亞・沈恩（Amartya Sen）[10]把它稱爲「適應性偏好」（adaptive preference）的問題：如果你不能擁有某樣東西，你最後可能根本就不想要它。經驗證據支持人們適應剝奪的說法。在自由度較低的國家，自由對人民的福祉影響較小，因爲他們不期望會擁有自由。[11]他們可能擁有較少的自主權，但他們對此習以爲常，因此能夠維持合理的福祉程度。在地球上最貧窮的陸塊非洲，收入對幸福感的影響最小，部分原因是非洲人民的期望較低。[12]在犯罪腐敗程度舉世最嚴重的國家之一阿富汗，犯罪和腐敗對人們的幸福影響最少。[13]

需要先說明的是，阿富汗的人民並不快樂。貧窮、不安全和政治不穩定已經對他們造成了傷害，這個國家在全球幸福指數中排名墊底。[14]然而如果你明天早上搬到阿富汗，你會比那裡的普通公民不快樂得多。阿富汗的人民在某種程度上已經習慣了自己的處境，並抱持較低的期望，就像馬戲團的大象適應了牠的處境一樣。相較之下，你可能已經習慣了自來水、充足的食物和安全感，缺少其中任何一樣都會產生負向預測誤差，這會讓你大吃一驚。

你可能會想：「好吧，那麼讓我們都降低期望，從此過著幸福快樂的生活吧。」事情絕非那麼簡單。低期望會導致一個大問題：你可能會停止與教人不滿意的條件對抗（或者可能永遠不會開始）。用艾爾斯特的話來說，「適應性偏好既具有麻木效果，又具有癱瘓作用：它們減輕痛苦，同時也降低任何採取行動的衝動。」[15]

你可能會繼續維持一段不太理想的關係或工作，或者不試圖改變它。你可能會接受自己肌肉無力的事實，而不去健身房運動，或者習慣於持續的背痛而不去看醫生。資料顯示，與擁有優質醫療保健的社會相比，最需要改善醫療保健的社會對更好醫療保健的要求反而**較低**。[16]這是因爲生活在醫療保健水準較低國家的人民已經習慣化；他們的期望較低，因此他們可能會對讓其他國家人民失望震驚的醫療系統感到滿意，或者不至於非常不滿意。

因此，雖然未滿足的期望會導致不快樂，但不快樂可能是促成改變的必要條件。一旦改變發生，就可以重新獲得快樂。我們以性別不平等爲例。起初，改善女性的機會和期望會降低女性的幸福感，但一旦情況的改善超過一定程度，就會與幸福感的增加相關。[17]女性的自由與福祉之間的關係呈U形。由於期望與現實不匹配，使女性權利最初的進展似乎導致了自尊和幸福感的下降。然而，隨著婦女的社會條件不斷改善，現實開始趕上預期，幸福感也隨之提高。

地球上任何地方的女性都沒有與男性平等的機會。我們不知道在這樣的社會中，女性是否會像男性一樣對自己的生活感到滿意。或許我們此生都可能無法看到這樣的社會（數千年的壓迫需要一段時間才能扭轉），但我們樂於相信，如果它確實發生，男女兩性的幸福差距就會消失。

打破習慣化的束縛

一個明顯的難題是，如果習慣化是普遍且完全的，那麼以打破這種束縛爲目標的運動就不可能發生。如果習慣化不能改變，情況就會永遠固定如此。就如喬治．歐威爾（George Orwell）小說《一九八四》中的一個冷酷角色說的：「如果你想要一幅未來的景象，就想像一隻靴子踩在人臉上——永遠。」[18]

社會運動要發生，必須有人未完全習慣化——對某些做法或某種情況感到不滿，並且願意對此說些什麼或做點什麼。

下面是對偶然可見的情況非寫實的描述。社會由各種各樣的人組成，他們的態度也各不相同。有些人已經完全習慣了現有的事物，包括不公不義；他們會把目前的做法視爲背景噪音，或視爲生活中正常且自然的一部分。有些人已經大致上習慣了；他們會聽到自己腦海中抗議的聲音，只是那個聲音相對比較安靜。有些人只習慣了一點點；在某種程度上，他們會感到憤怒或震驚，但他們也會敏銳地意識到改變很困難或不太可能，這表示他們會讓自己保持沉默。

他們可能會認爲，明知道會徒勞無功，又何必枉費心機？這些人所做的就是「假裝偏好」（preference falsification）；由於現有的規範，他們不會透露自己的實際偏好和想法。他們或許會願意這麼做，但前提是規範得要改變。

在這個非寫實的描述中，人們也有不同的行動門檻。習慣化程度最低的人最有意願採取行動，即使他們孤單而沒有同伴。我們姑且把他們稱爲「零」。其他已稍微習慣化的人，會願意行動，但他們不要打頭陣；他們需要有人帶領。我們把他們稱爲「一」。還有一些人雖然願意採取行動，但不會做第一或第二批行動者；他們需要先驅。他們是「二」。二後面是三，三後面是四，四後面是五，一直到無限（就是已經完全習慣化的人，在任何情況下都不會反抗）。

在這個說明中，只有在正確的社會互動發生之後，才會發生變化。如果一看到零行動，他們就會跟著行動；如果二看到了一和零行動，那麼二就會跟著行動；如果三看到二和一行動，三也會行動。最後我們就會看到一種社會的連鎖反應，大規模的運動就因此發生。

但仍有一個神祕之處：我們如何解釋不習慣化的人——零？對這個問題，我們提不出完整的答案，但我們認爲，部分原因在於他們在某個階段可能接觸到「去」習慣化的事物——讓現有的做法不再自然，也不再必然，而這讓他們產生了一種震撼或驚喜。讓他們去習慣化的事物，可能是在其他時空的不同做法；可能是由某些遭遇或經歷所激發的想像情境。我們把這些人稱爲「去習慣化的倡導者」（dishabituation entrepreneur），我們將在下一章中詳細介紹他們。

我們也相信，關於習慣化的知識可以培養出去習慣化的倡導者。也就是說，在了解了人們習慣化的所有方式之後，你也許會發現並關切生活中你已經習慣化的缺點層面。你可能會注意到在家庭生活、職場生活以及社會中，被你所忽視的不良特性。誠然，在很多情況下，接受不完美、甚至一點也不好的事情會比較好。不過我們希望，了解我們的大腦如何蒙蔽我們的雙眼，讓我們對經常發生和預期的事物感到漠然，這能幫助你區分你應該接受的限制和你應該嘗試打破的束縛。

第11章

歧視：有教養的猶太人，穿著迷你裙的科學家和不酷的孩子們

我們仍將是文化的囚徒，除非我們覺察到這個過程，並且強迫自己去對抗它。

——約翰·霍華德·格里芬（John Howard Griffin）[1]

二〇一六年夏天，一個非營利組織的前執行長瑪格麗特·索耶（Margaret Sawyer）帶著子女去科羅拉多州薩利達（Salida）的一座游泳池。她注意到布告欄上釘著一張紅十字會的海報。[2]仔細看看下一頁的海報。

這張海報有沒有什麼地方讓你覺得奇怪？

不久前，凱斯和大約二十個人一起看這張海報，他提出這個問題。這群人中大多數

都沒有看出什麼不尋常之處，但一名黑人立刻看到了一個現象：「不酷」（Not Cool）的標籤幾乎都和有色人種的兒童相關。他指出這一點後，所有人都看到了這個現象——也很驚訝自己先前竟沒有注意到。一旦這一點被指出來，人們就不可能看「不」到。

紅十字會最初張貼這張海報時，組織中沒有人發現這個問題（或者就算有人注意到，也沒有人提出來）。這張海報被張貼在許多泳池的布告欄上，但沒有人抱怨。

直到瑪格麗特·索耶出現。

瑪格麗特頭一次在薩利達泳池中

注意到這張海報時，以爲這只是一個異常現象——一張老式海報。但同一個週末，她在科羅拉多州摩根堡（Fort Morgan）的游泳池又看到了同一張海報。她覺察到這不是一九七〇年代的海報，而是最近一場活動的一部分。她拍了一張照片，張貼在她的推特帳號上。起初許多推特用戶並沒有發現任何問題。「我不懂妳的意思。這張照片有什麼地方種族歧視？」有人留言說。然而當瑪格麗特指出問題後，社會大眾對海報提出了強烈的抗議。媒體報導了這個故事，紅十字會爲這個「無心之失」道歉。[3]

這裡的關鍵字是「無心」。紅十字會不是刻意要張貼種族主義海報。相反地，紅十字會的人並不知道這張海報有種族歧視的意涵。全美各地的泳池工作人員把海報釘在布告欄上時，也沒有注意到這一點。成千上萬的泳客和衆多推特用戶也沒有注意到。但有一個人——瑪格麗特．索耶，改變了這一切。她是零號。

在偏見和歧視成爲常態的世界裡，大多數人已經習慣了它們。我們並沒有知覺到我們周圍的歧視，因爲它在我們預期之中。再一次地：我們會注意到令人驚訝和不同的事情，卻疏忽了相同和預料中的事物。問題就在這裡：我們無法改變我們沒有意識到的事情。直到有人出現，並使我們面前的事物變得清晰而明顯。

二、三十年前，凱斯受邀前往南非，爲全白人種族隔離政府的一些成員提供後種族隔離政策的憲法建議。凱斯原本對接受邀請有些遲疑，但他獲得保證，參與者都強烈支持種族平等，他們希望幫助設計一部消除種族隔離相關問題的憲法。在訪問期間，凱斯與一位南非法官相處得特別融洽，這位法官是這項工作的領導人，他敏銳、博學且和藹可親。凱斯對法官有好感，法官似乎也喜歡他。

在臨別的晚餐上，喝了幾杯酒後，法官重複了凱斯的姓氏。重複了六次，似乎帶著輕微的不滿，也許還有些困惑：「桑思汀，桑思汀，桑思汀，桑思汀，桑思汀，桑思汀。」凱斯認爲這個舉動很奇怪，似乎不很友善。他的姓氏有何特別之處？他疑惑地看著法官。

法官停頓了一下，然後說：「我們法院有個猶太人。我們稱他爲『有教養的猶太人』」。

凱斯被這句話嚇了一跳。法官本意是爲了開玩笑；他不知道自己的話可能顯得奇怪或不恰當。凱斯環顧四方，發現晚宴上的其他人似乎都沒有注意到這段插曲，甚至不覺得這有什麼奇怪。凱斯非常確定這種行爲會在他自己的國家引起反應，不過在一種文化中不尋常且會引人注意的事物，在另一種文化中卻往往被視而不見。

規範會隨著時間和地點的變化而改變。某些行爲和言論在一種文化或一個時代會十分明顯突出，但在另一種文化或另一個時代則不然。我們習慣了我們所遵循的規範。如果把我們由一個地方送到另一個地方，或由一個時代送到另一個時代（例如觀看老電影時），能夠讓我們看到那個地方和那個時代的人所看不到的事物。例如，在某些時代和地點，吸菸並不是問題，而且很酷，甚至可以說浪漫，但在其他時代和地點，這樣做顯得你不在乎自己或他人。人們先對吸菸者的存在習慣化了，然後又去習慣化。

在一些國家，「homo」一詞通常用來形容同性戀者。這些國家的人們在聽到或說它時毫不猶豫，而且大多數人完全不知道在其他地方這個詞有詆毀的意思，並且很少用。如果後面這些國家的民衆前往前面這些國家，並聽到這樣的詞語，一定會感到震驚，並可能做出負面的反應。

我們是否認爲某些事情屬於歧視，取決於我們習慣的環境，但也可能取決於我們站在柵欄的哪一邊——是屬於這個群體還是另一個群體。大約十年前，塔莉和十幾個人參加了科學會議。會議由一位男教授主持。他向一名女學生說，他聽到小道消息，說她收到了邀請，要在頗具聲望的會議上發表演講。他問道：「他們邀請妳是爲了讓妳在台上穿著迷你裙炫耀嗎？」這句話說得響亮清晰，但似乎沒有人注意到。會議照常進行。

不久以前，這樣的評論並不罕見。男教授常會評論女科學家的外表。一名受邀演講的女性被貼上「相當大」的標籤，另一位女性則被人形容「十分性感」。「你坐在她旁邊，怎麼可能集中注意力？」一位教授曾經如此問過一名男學生，指的是該學生的女導師。

後來塔莉發了電子郵件給科學會議上的那位教授，教授立即道歉——回顧起來，他可以看出問題所在。塔莉也就這起事件詢問了在場的同僚（幾乎都是男性）。有些人沒有注意到；有些人則不覺得這件事有什麼大不了，這樣的評論每天都會發生，所以並不奇怪。另外一位確實生氣的與會者是一位女性同事。這帶來了一個有趣的問題——受到偏見影響的人是否比較不習慣於偏見？他們更可能察覺它到什麼樣的程度？

在反覆經歷歧視時，我們學會在某種程度上預料到它，至少它不會那麼令人震驚。我們習慣了，就像大象習慣了牠的鎖鏈，就像一九七〇年代之前的女性習慣了自己的地位一樣。因此，與不常見到歧視的情況相比，我們比較不會做出反應。然而，當你是受到偏見的那一端時，你習慣化的情況可能會較慢，較不完全。在關於一九二〇年代英國奧運選手的著名電影《火戰車》（*Chariots of Fire*）中，猶太短跑健將哈羅德・亞伯拉罕斯（Harold Abrahams）就清楚地說出了這種感覺：

這是一種疼痛、一種無助、一種憤怒。一個人感覺受到了侮辱。有時我對自己說：「嘿，別那麼極端，這一切都是你的想像。」但接著我又看到了那種表情，在一句話的尖銳語氣中，在握手時感受到冰冷的不情願。[4]

爲什麼受到歧視的人比旁觀者更難習慣？我們認爲，原因之一是，即使歧視很常見，它仍會與個人的自我形象形成鮮明的對比。在某種程度上，女機師可能會習慣其他人認爲她的資格不如大多數男機師，這會在某種程度上降低她的信心。然而這種態度仍然與她熟練控制飛機的日常經驗形成對比。這種不相稱——我們觀察到的自我能力與基於群體對我們的期望之間的不相配，會導致我們的大腦不斷產生「錯誤信號」，因此降低習慣化的速度。

因此，如果你把自己由男性轉變爲女性，白人轉變爲黑人，或異性戀轉變爲同性戀，你就更可能感受到原本不會看到的歧視。這正是經歷過這種變化的人所敘述的情況。

這是一個影響深遠的著名例子——一個關於習慣化和去習慣化的故事。一九五九年，記者格里芬把皮膚暫時塗黑，冒充黑人。一連幾週，他在美國南部旅行，造訪了喬治亞、密西西比、路易斯安納、阿拉巴馬和阿肯色州。格里芬的動機很單純：「如果我們處於他人的境地，看看我們會有什麼反應，那麼我們就可能會覺察到歧視的不公正和各種偏見的悲慘不人道。」他在一九六一年出版的書《像我一樣的黑人》（*Black Like Me*）引起了轟動。[5]

我們很清楚，現在許多人都因這本書而感覺遭到了冒犯，不是因爲它對種族主義的生動描述（這在當時引起了爭議），而是因爲他們認爲這本書自以爲是。我們想強調的是，在此書發表時，它讓白人感受到身爲美國南方的黑人會是什麼情況——造訪一個顛倒的世界，儘管一個人在這個世界裡安靜、誠實和善良，卻會受到憤怒、殘酷、懷疑或輕蔑的對待。

格里芬描述了一個你可能會無緣無故受到威脅或遭到解僱的世界。「沒有什麼可以形容這令人窒息的恐怖。在這種毫不掩飾的仇恨面前，你會感到失落和噁心，與其說是因爲它威脅到你，不如說是因爲它以如此不人道的角度展示了人類。你會看到一種瘋狂，一種如此粗俗的事物，它的粗俗（而非它的威脅）讓你感到恐懼。」[6]

格里芬說，他的經歷幫助他了解「文化是一座監獄——學得的行爲模式是如此根深柢固，因此它們會產生不自覺的反應」。他學會了在持續的恐懼中存活。[7]

變性人也有類似格里芬的經驗。例如，跨性別的科學家說，在變性之後，同事對他們的態度發生了重大且教人驚訝的變化。一旦站在異性的立場，他們就會看到以前看不到的東西。

那麼，我們去習慣化的一種方法似乎就是暫時換位思考。大規模地做格里芬所做的事情是不切實際的，但現代科技讓我們得以運用虛擬實境，站在他人的處境邁出微小的一步。你想知道不同性別是什麼感覺嗎？或者不同的膚色？如今有許多方案計畫讓你能透過戴上VR眼鏡，[8]來了解不同性別或種族者的視角。你可以（虛擬）自己以女性而非男性的身分，以黑人而非白人的身分，去看醫生、搭地鐵，或與業務員互動。

當然，這些虛擬體驗與眞實體驗相去甚遠，但人們發現它們可以顯著地減少固有的種族偏見。[9]一個原因是偏見及其影響突然變得明顯，因此導致對歧視的去習慣化。

這些研究告訴我們，對他人經驗發自內心和深入的理解會造成去習慣化。大多數人無法接觸到這類虛擬實境的工具，或許也不可能知道其他人的眞實感受，但我們可以透過與另一個群體成員的親密友誼來了解他人的存在。這些做法在一定的程度上有所幫助，但若要實現可衡量的改變，我們就得要找出方法，讓歧視看起來奇特、不尋常和令人震驚。

去習慣化的倡導者

如果有人在晚餐時多次重複某位猶太人的姓氏，然後又說某人是「有教養的猶太人」，那麼餐桌上的同伴可能會有多種反應，可能是讚賞的笑聲、領會的點頭，或不平之鳴。笑聲或點頭不會擾亂任何現狀，反而可能會使觀念更鞏固；而不平之鳴則會擾亂一切正常的印象（並產生去習慣化的效果）。

這時可能需要一種「自然」的干預，使歧視顯得不快且陌生，偏離正常和平常的情況。我們需要去習慣化的倡導者——像瑪格麗特・索耶這樣能夠看出問題，並當場做出反應的人，讓人們原本看不見的事物變得可見。瑪格麗特是白人，但她觀察到紅十字會海報的問題本質，並指出了這一點。而在她這麼做之後，其他人也看到了問題，並做出了反應。如果有去習慣化的倡導者在凱斯所參加的晚宴或塔莉的科學會議上挺身而出，這一事件就會變得引人注目，並改變人們對可接受事物的預期。

在美國民權史上，羅莎・帕克斯（Rosa Parks）就是這樣一位倡導者。一九五五年十二月一日，她在阿拉巴馬州蒙哥馬利市（Montgomery）搭公車時拒絕坐到公車後半部，使她聲名大噪，這顯示種族隔離是選擇，而非必然，而且這個選擇壓迫了黑人。這個信號十分響亮，大家都聽到了，尤其是白人，其中一些因而對種族隔離去習慣化。

另一位去習慣化的倡導者是凱瑟琳．麥金儂（Catharine MacKinnon）。一九七八年，她出版了《職業婦女的性騷擾》（*Sexual Harassment of Working Women*），[10] 協助定義了數十年來對性別歧視的思維。麥金儂的書同時做了三件事。首先，它發明了一個新術語：**性騷擾**。這個詞本身就令人不習慣，它指出了先前人們習以為常的一種行為。

其次，麥金儂認為，性騷擾就是性別歧視，因此違反了民權法：男子性騷擾女子，是**因為她是女性**，因此和基於性別的歧視息息相關。

這種說法也是一種去習慣化的形式。麥金儂在一九七八年提出了這種激進且新穎的中心論點，到了一九八六年，在著名保守派首席大法官威廉．倫奎斯特（William Rehnquist）撰寫的一份意見書中，最高法院就一致接受了麥金儂的論點：「當主管因為部屬的性別而對部屬進行性騷擾時，這名主管就存在基於性別的『歧視』。」[11]

第三，麥金儂的書提供了一連串遭受性騷擾的女性的敘述。敘述中的可怕細節讓讀者能夠設身處地站在受性騷擾者的立場。讀完她的書後，人們不太可能再認為性騷擾是生活中可以接受的一部分。

我們可以稱爲「去習慣化經典」的書有很多，很容易就可以擺滿一座大圖書館，包括貝蒂・傅瑞丹（Betty Friedan）的《覺醒與挑戰：女性迷思》（*The Feminine Mystique*）[12]和所羅門・諾薩普（Solomon Northup）的《自由之心》（*Twelve Years a Slave*）。[13]是什麼導致某人成爲去習慣化的倡導者？爲什麼是瑪格麗特、帕克斯、格里芬和麥金儂，而不是所有其他坐在隔離公車上，或是看到或經歷性騷擾的人？就我們所知，沒有任何研究直接解決這個問題，但必然是先天和後天的結合，造就了不那麼墨守成規、更懷疑、更勇敢、更有洞察力的人。我們認爲，（透過行爲科學知識）覺察到人們爲什麼以及在什麼時候不太可能注意到歧視，將會使更多人更容易意識到周遭的問題。有些人也會有足夠的勇氣嘗試解決這些問題。

這就引出了下一個主題：那些去習慣化的倡導者如何幫助其他人去習慣化？

對偏見感到驚訝

如我們先前強調的，大腦是一台預測機器。[14]它的核心任務是盡可能準確地預測接下來會發生什麼，以便能夠及時做好準備，並做出反應——在敵人到來之前躲藏起來，在乾旱前儲水，下雨時準備雨傘。我們藉由觀察和學習，產生準確的預測。我們年復一年地觀察到：十一月的降雨量比六月多，因此我們在深秋而非初夏時攜帶雨傘。

我們不斷地由世界上吸收資訊，並且有意識或在無意中更新我們的判斷，使我們能夠做出準確的預測。在最好的情況下，我們的神經元是複雜的生物計算機，記錄頻率、方法、關聯等等。因此假如我們遇到的大多數機師都是男性，那麼我們就會預期在登機時看到男性機師。當這些期望得到滿足時，我們的大腦就不會發出任何驚訝的信號來提醒我們有問題出現。

接著我們會根據這些統計觀察，對根本的原因做出假設。如果大多數機師都是男性，我們的大腦很快就會得出結論：男性特別適合駕駛飛機。如果這個「資料」因爲歷史歧視而存在偏見，並沒有反映男女兩性能力的某種事實，那麼我們的結論就會有偏見，因爲大腦正在做它天生要做的事：基於感知到的資訊來推斷通則。

每一天，我們在做決定時都會依賴這種刻板印象和歸納。雇主在決定聘用什麼人時，經常會使用多種代表條件，即使這些條件是過於概括的歸納並且遠非完全準確。例如，考試成績、就業紀錄、教育程度和就讀大學的名氣，全都是你可能視爲就業決策的理性因素。你可能會選擇上過頂尖大學的人，而不是只上過好大學的人，儘管許多上過好大學的人表現得比許多一流大學的畢業生更好。

種族和性別通常也有類似的代表條件作用。女性比男性更可能成爲兒童的主要照顧者，也更可能會離開就業市場來承擔這個角色。果眞如此，雇主歧視女性可能並不是因爲他不喜歡或貶低女性，或是因爲一般的偏見，而是因爲他相信（基於可能成眞的假設或實際的經驗）某種刻板印象眞實到可以作爲就業決策的基礎。久而久之，這種統計上的歧視就會變成自我應驗的預言。它可能會加劇它所回應的問題。

如果在這些情況下再加入人工智慧，事情就會變得更糟。人工智慧系統是模仿人類思維而打造的——它們利用周圍世界輸入的資料來做出預測和判斷。[15]如果這些資料有偏見，人工智慧系統就會有像人類一樣的反應：它們做出的決策和建議將有偏見。

想想大衛和潔米・海尼梅爾・韓森（David and Jamie Heinemeier Hansson）的經歷。[16]二〇一九年，這對夫妻申請了蘋果（Apple）信用卡。兩人共有所有的財務資源，包括銀行帳戶和財產。他們因此十分驚訝地發現蘋果公司提供給大衛的信用額度比給他妻子潔米的高得多——高出二十倍。他們在社群媒體上分享他們的故事後，發現其他人也有同樣的經歷，包括蘋果聯合創始人史提夫・沃茲尼亞克（Steve Wozniak）與其妻子。

蘋果公司使用有偏見的機器學習演算法來分配信用。為了開發信用卡評分，演算法需要輸入數百萬個好的選擇（例如已償還債務者的資料）和壞的選擇（例如未償還債務者的資料），然後它會學習哪些因素可以預測好的選擇。如果女性的薪資低於男性，或者由於性別歧視而較難找到工作，演算法就會得出結論說，男性更適合獲得信貸。藉由歧視女性，這個演算法將會進一步擴大性別差距，形成反饋迴路（feedback loop）。[17]

一旦我們察覺人工智慧系統中的偏差，就可以直接改變演算法，或刻意修改用來創造它的資料來進行修正。雖然我們無法調整人類的神經元所使用的演算法，但我們可以消除它們接收到的輸入資料偏差。

目前已有一百多個國家制定了性別保障名額，以確保婦女在國家立法機構中有足夠的代表權。有些國家對少數族裔成員有保障名額，有些國家則專門設計了名額，確保傳統弱勢群體在某些角色中有代表權。其他公家和私人機構也在努力增加高層職位的種族或性別多樣性，確保優秀的領導團隊中包括有色人種和女性。（確實，在包括美國在內的一些國家，爲了增加多樣性而考慮種族或性別的做法引發了嚴重的法律問題。）

普林斯頓大學神經科學教授耶爾．尼夫（Yael Niv）是一位去習慣化的倡導者，他想出了一種創意方法來提醒人們可能存在的性別偏見，推動他們追求更平等的代表權。她推出了一個名爲Bias-WatchNeuro（https://biaswatchneuro.com）的網站，列出了世界各地的神經學會議，詳細說明了每場會議中女性與男性演講者的比例，以及主辦單位的名稱。然後她比較演講者的性別比例，以及依據這個領域兩性學者的約略比例而得出的預期比例。

例如，第三十一屆國際行爲神經學會年會的女性演講者比例爲〇%，然而該領域的科學家中有三二%是女性。尼夫的清單不僅使偏見顯得透明，而且還能消除這些偏見。因爲主辦單位不希望他們的名字與暗示歧視的數字聯繫在一起，讓所有的人都知道，因此他們努力確保演講者有足夠的性別代表性。

在未來的世界裡，女性科學家、機師、政治家和執行長與男性一樣普遍，我們預期會看到大致相同數量的女性和男性在會議上發言、坐在駕駛艙內、在國會投票，並在最高管理階層做出決策。在這些情況下，我們不會注意到性別，除非它偏離大致均等的比例。

我們可以這樣想：如果你按順序觀察下面第一排的框框，那麼當你看到最後一個框框時，你會預期自己看到五個朝上的黑色箭頭和一個朝下的白色箭頭。如果我們在秀出最後一個框框時記錄你的大腦活動，我們就不會看到太多活動。在沒有新內容時，訊號就會減少。

然而，如果我們向你展示下方第二個序列的框框，到最後一個框時，你的神經元會熱烈地回應。你期望朝上的黑色箭頭和朝下的白色箭頭數量相同，但你看到的結果完全不同。你可能會停

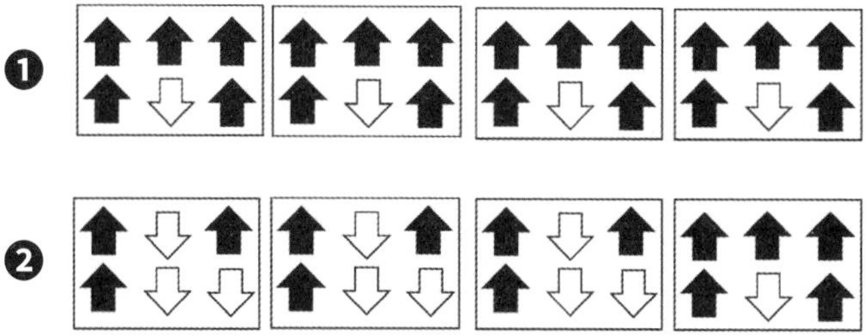

下來思考爲什麼現實與你的預期不符。

尼夫正在嘗試重新爲我們的世界編程，將來當我們看到一個白色箭頭和五個黑色箭頭時，我們會感到驚訝並注意，因爲我們將習慣箭頭大約是一半黑色朝上，一半白色朝下。她這樣做是爲了減少科學界的性別偏見，但她的技術可以適用於由商業到政府和藝術的任何領域。

歧視和偏見的根源無疑相當複雜，受到歷史、經濟、政治和宗教的驅使，但許多根源可以追溯到我們大腦工作的基本規則——這些規則控制著我們所看到的和我們錯過的、我們預期的和令我們驚訝的事物。一旦了解這些規則，我們就可以讓應該顯著但不顯著的內容變得可見，甚至可以讓原本應該毫不重要的內容變得比較不顯著。

第12章

專制暴政：陷入法西斯主義的毀滅性漸進性質

每一步都是那麼的小……就像農民在田裡看不出玉米一天天生長一樣，人們也看不到它一天天地發展。最後有一天，玉米長得比他的頭還高。

——匿名德國公民[1]

假設一個國家正在走向專制暴政。*公民權和人民的自由面臨風險。異議分子成了

* 本章部分內容改編自桑思汀的著作：《這不正常：日常期望的政治》（*This Is Not Normal: The Politics of Everyday Expectations*，耶魯大學出版社，二〇二一年），以及〈這可能發生在這裡〉（It Can Happen Here），《紐約書評》（*New York Review of Books*），二〇一八年六月二十八日出版。

批判的對象，言論自由受到打擊。記者和其他人因為被視為政權威脅，而受到恐嚇、監禁、傷害，甚至殺害。這一切都是逐漸而非突然發生的。那麼人們會習慣它們嗎？多快習慣？

要回答這些問題，我們可以由過去專制統治的發展過程中學習，也許能由一九三〇年代德國納粹的崛起中學到最多。問題在於，希特勒的政權是如此恐怖，如此野蠻，使許多當代讀者不容易認識它。關於這段時期的許多記載都描述了一連串無法想像的事件，一個國家陷入了瘋狂。這產生了距離，甚至成了一種安慰。就好像我們正在讀一本反烏托邦科幻小說，其中希特勒是一個角色，而非來自並不遙遠歷史的眞實人物。

但有些關於希特勒崛起的描述是熟稔而私人的觀點，它們的重心不在歷史人物、權力鬥爭、重大事件、國家宣傳、謀殺和戰爭，而是偏向個人生活的細節。這些描述探索了當下的習慣化，它們不僅說明了人們怎麼參與可怕的事物，還解釋了他們如何能夠緘默地袖手旁觀，並在其中度過相當平凡的日子。由於這個原因，它們不但為現在生活在眞正恐怖之中的人們提供了教訓，而且也同樣為雖然可能永遠不會面臨這樣的恐怖、但民主的實踐和標準都承受嚴重考驗的人提供了借鏡。這些描述告訴我們有關政治、習慣化和日常生活之間的重要訊息，即使當下的政治秩序正在喪失它的精神支柱。

人們逐漸習慣化

米爾頓．梅耶（Milton Mayer）一九五五年的經典著作《他們以爲自己是自由的》（*They Thought They Were Free*）和賽巴斯提安．哈夫納（Sebastian Haffner）一九三九年教人震撼、窒息的未完成回憶錄《一個德國人的故事》（*Defying Hitler*），提供了在納粹主義下平凡生活的兩個私人觀點的描述。[2]尤其哈夫納的記載讓你有每時每刻身臨其境的感受。這兩個紀錄的重點並不是放在做出旋乾轉坤決定的歷史人物，而是探討人們如何過他們的生活。

哈夫納的眞名是雷蒙德．普雷策爾（Raimund Pretzel）。他流亡英國時用了假名，以免危及他在德國的家人。他是記者，而不是歷史學者或理論家，但他中斷了引人入勝的敘述，以面對一個廣泛的問題：「什麼是歷史？它發生在哪裡？」他寫道，「大多數歷史著作給人的印象是，參與其中的頂多就只有幾十個人，他們恰好是『國家之船的掌舵者』，他們的行爲和決定構成了所謂的歷史。」[3]在哈夫納看來，這是錯的。「我們這些無名小卒」不只是「棋局中的棋子」。

相反地，「最有權勢的獨裁者、部長和將軍，面對廣大民衆幾乎無意識、同時做出的集體決定也無能爲力。」[4]他堅持主張調查涉及「每個德國人的私生活、情感和思想中，非常奇特、有啟發性的心理過程和經驗」的重要。在他的敘述中，這些私人生活、情感和想法既奇特又富有啟發性的部分原因在於，它們顯示了人們如何面對災難性的政治動亂和恐怖。哈夫納並不是心理學家或神經科學家，但他的重點直接針對心理過程、情感和思想，而且他對習慣化有很多話要說。

梅耶是德裔美國記者，一九三五年他試圖去見希特勒未果，但他確實在納粹德國四處遊歷。他驚訝地發現納粹德國是類似群衆運動，而非少數惡魔把持的暴政。因此他斷定，自己原來的計畫大錯特錯，他眞正感興趣的不是希特勒，而是人類——像他這樣的人，對這些人來說「有些已經發生的事沒有（或至少還沒有）發生在我和我的同胞身上。」[5]一九五二年，他又回到德國，要探索使納粹主義得以實現的原因，並研究民主何時以及是否會淪落爲法西斯主義，還有人們當下如何反應和習慣化。

爲了弄清這一點，梅耶決定深入研究。他把重心放在十個人身上，他們在許多方面各有不同，但有一個共同特徵：他們都是納粹黨員。他們接受了他的說法，卽身爲德裔美籍的梅耶希望讓美國人民更了解德國，所以最後同意接受採訪。梅耶對這點以及其他所有的事物都很誠實，但他沒有透露一個重點：他沒有告訴他們自己是猶太人。

梅耶最感興趣的時期是一九三〇年代末期，他的採訪對象是一名清潔工；一個士兵；一名製作櫃子的木匠；一名辦公室經理；一個麵包師；一名收帳員；一名巡官；一名高中老師；和一名警察。其中一個曾是高中生。他們全都是男性，全都沒有擔任過領導職務或具影響力。他們全都自稱爲「wir kleine Leute」（我們小人物）。他們住在馬堡（Marburg），這是位於蘭河（Lahn）畔的大學城，距離法蘭克福不遠。

梅耶花了一年的時間，在非正式場合與他們交談——喝咖啡、吃飯，度過漫長而輕鬆的夜晚。他與每個人都成爲了朋友（而且自始至終，他都這樣稱呼他們）。正如他顯然帶著驚訝地說：「我喜歡他們，我不由自主。」他們聊起天來會語帶諷刺、有趣、自嘲。他們大多都喜歡一個源自納粹德國的笑話：「雅利安人是什麼？」「雅利安人是像希特勒一樣高大、像戈培爾（Goebbels）一樣金髮、像戈林（Göring）一樣靈活的人。」

他們也可能頗有生存智慧。談到希特勒統治下一般民眾的看法，其中一位說：「反對？……人們怎麼會知道？誰會知道別人反對或不反對什麼？一個人說他反對或不反對，取決於具體情況、地點、時間、對誰，以及他如何說。然後你仍然必須猜測他為什麼這麼說。」[6]

梅耶的新朋友提到了我們在第十章中提到的「假裝偏好」的想法：由於現有的社會規範（或官方威脅），使人們常常無法說出自己的喜好和想法，至少在公共場合如此。[7]假裝偏好隨處可見，包括在民主國家。政治制度以及任何現狀都可能比人們想像的脆弱得多，這就是一個原因。在威權主義站穩腳跟時，假裝偏好就會猖獗，這會造成習慣化。因爲：如果人們不知道其他人感到擔憂或憤怒，他們就更可能習慣於自己所觀察到的情況，視之爲正常。久而久之，人們就習慣了納粹主義中他們不太喜歡的層面。

梅耶最令人震驚的結論是，除了一個例外（那位老師），他的訪問對象中沒有一個人「在**任何方面**像你我那樣看待納粹主義」。我們大多數人都認爲納粹主義是一種暴政，奴役或謀殺人民，侵害人權，但梅耶的訪問對象「在一九三三年之前並不知道納粹主義是邪惡的。他們在一九三三至四五年間，並不知道它邪惡，到現在也還不知道」。

在戰後七年，他們回顧希特勒的戰前歲月，認爲是他們這輩子最美好的時光。

在梅耶的描述中，人類注意的是他們自己的生活和「日常生活中見到的景象」。正是由於這個原因，民主的基準可能會遭到破壞，民主可能會崩潰。

梅耶沒有向他的任何一個訪問對象提到反猶太主義，但在會面幾次之後，他們每個人都自己提了，並且不斷地回到這個話題。一九三八年，當地的猶太會堂被燒毀時，大多數社區成員只感到一項義務：「不要去干涉。」最後，梅耶向他的朋友們展示了一九三八年十一月十一日的當地報紙，其中包含這樣的報導：「爲了他們自身安全，許多男性猶太人昨天遭到拘留。今天早上他們被送出城。」梅耶的朋友全都不記得看過這則報導，也不記得見過類似的景況。

麵包師十分疲乏地說：「我們沒有時間思考，當時有很多事都在發生。」他的敘述和梅耶同事的說法不謀而合，這位同事是當時人在德國的德國文獻學者，他強調了陷入專制暴政的毀滅性漸進性質，並且說：「我們沒有時間去思考這些在我們周圍一點一滴增長的可怕事物。」

這位文獻學者指出的是一心要透過無止境的自我歌頌和編劇（通常牽涉到眞實或想像的敵人）來轉移人民注意力的政權，並「讓人民逐漸習慣」。在他的敘述中，「每一步都那麼小，那麼無關緊要，那麼自圓其說，或者有時候，那麼深切悔悟，」以至於人們無法看出它「每天的發展，就像農民在田裡看不出玉米一天天生長一樣，人們也看不到它一天天地發展。最後有一天，玉米長得比他的頭還高。」8

照舊進行的日常生活

哈夫納的重點主要放在一九三三年，他的回憶錄補充說明了當時的景象。那一年，哈夫納年僅二十五歲，正在學習法律，希望將來能擔任法官或行政人員。哈夫納在書中描述了他那些精力充沛的朋友和同學全心放在享樂、職業前景，和談戀愛。一些針對政治異議分子的攻擊手段早已開始，但同時，一般人民卻被源源不絕的節慶活動分散了注意力。人們打情罵俏，享受浪漫戀情，「去看電影，在小酒館吃飯，品嘗奇揚地酒（Chianti，一種義大利紅酒），一起去跳舞。」這種「照舊進行的日常生活」促進了習慣化，並阻礙了任何有組織的抗拒恐怖專制的強力行動。[9]

在哈夫納的敘述中，自由和法治的崩潰逐漸發生，其中一些相對微不足道。德國並沒有立即轉變。哈夫納認爲，儘管納粹主義是隨著時間的進展而逐漸展開，但對一些德國人而言，它的眞實本質是顯而易見的，而且由一開始就爲他們所知——儘管他們不知道它最後會做什麼。

這一點也適用於猶太人自己的反應。一九三三年，當納粹軍官其勢洶洶地站在猶太商店外時，猶太人只是「受到冒犯」。他們既不擔心，也不焦慮。只是「受到冒犯」。有人覺得，一開始僅是感覺到受冒犯，沒有伴隨擔憂或焦慮，更談不上恐懼，這種起初的反應是合理的。但哈夫納認爲，希特勒的殘酷以及即將發生的日常生活政治化，對某些人來說，由一開始就顯而易見。在希特勒執政初期，一位自封的共和黨人建議哈夫納避免懷疑性的評論，因爲這些評論沒有用：「我想我比你更了解法西斯分子。我們共和黨人必須與狼一起嚎叫。」[10]

接著書籍開始由書店和圖書館消失，期刊和報紙也慢慢不見了，留下來的都是堅持黨的路線。早在一九三三年，拒絕加入納粹的德國人就發現自己「陷入了地獄般的境地：這是一種完全的、無法緩解的絕望；你每天都受到侮辱和欺凌」。11

每一個行為都比上一個更糟糕，但只糟糕一點點

正是因爲梅耶和哈夫納的敘述細緻入微，甚至切身且親近，因此直接打動了那些關切自由和民主何以變得不堪一擊的讀者的心。當梅耶的訪問對象聲稱對希特勒實際的所作所爲一無所知時，我們不知道是否應該相信他們，梅耶也不確定。但當受訪者說所發生的事採取的是緩慢習慣化的形式時，卻是可信的。

與梅耶談過的一位德國公民表示：「每一個行爲、每一次事件都比上一次更糟糕，但只是更糟糕一點……如果整個政權最後一次也是最嚴重的行動，直接發生在第一次也是最小的行動之後，那麼成千上萬的人，數以百萬計的人，都會感到震驚……但情況當然不是這樣發生的。中間有數百個小步驟，有些難以察覺，每一個步驟都讓你做好對下一個步驟的準備，以免你會覺得震驚。步驟C不比步驟B更糟糕多少，而且如果你在步驟B時沒有表明立場，爲什麼要在步驟C時挺身而出？步驟D也以此類推。」12

步驟D是納粹政權屠殺數百萬人。但種族滅絕並非由步驟D開始，而是早在步驟A就已展開——對德國猶太人的法律、經濟和社會權利的限制，逐步在整個一九三〇年代穩定地累積。一九三三年四月一日，猶太人擁有的企業遭到抵制。此後不久，猶太律師被取消律師資格，猶太人被禁止擔任記者。幾個月後一條法律通過，授權醫生對猶太人進行非自願絕育。許多其他限制措施也開始執行，暴力行為不斷發生，直到一九三九年希特勒授權，對精神和身體殘疾的人實施非自願安樂死，最後導致系統性的大規模處決。

我們已經看到，在事件持續、頻繁地發生，或者變化非常緩慢時，就會出現習慣化。如果在大爆炸之前先發生一次稍小的爆炸，再之前還有一次更小的爆炸，那麼即使是大爆炸也可能會遭到忽略。但如果人們在沒有經歷過前面步驟的情況下遇到「爆炸」，就沒有機會習慣化，因此比較可能會做出反應。

這就是局外人所體驗到的情況，他們只有在步驟D中發現在他們周遭環境之外的可怕情況，而不會直接暴露於步驟A、B和C中，在局外恐懼地觀看的人（例如在國外看到這些暴行的人民），因為未曾接觸一路上所有的步驟，比較不會受到習慣化的左右，比較會採取行動——幫助需要幫助的人，並努力抵抗造成傷害的人。他們不會旁觀。

哈夫納認爲，有些局內人很早就能看出正在發生的事情，也許是出於性格和經驗的結合，也許是出於先見之明或固執頑抗。有些猶太人屬於這一類，並在時機太遲之前離開了德國。哈夫納也把自己歸類在這個陣營：「至於納粹，我的鼻子讓我毫無疑問嗅出了他們的氣味。在他們的一切都發臭時，談論他們所謂的哪些目標和意圖可以接受，甚至『在歷史上有其道理』，眞是令人厭煩。多麼臭啊！納粹是敵人，是我的敵人，也是我所珍惜的一切的敵人，由一開始，我就非常清楚這一點。」[13]

但這個陣營往往不夠大。習慣化、困惑、分心、自私、恐懼、合理化，以及個人無能爲力的感受，使可怕的事情成爲可能。這不僅有助於解釋納粹主義的興起，也能說明許多地方民主的瓦解和自由的喪失。

恐怖的習慣化

對恐怖的習慣化有多普遍？或許你會認爲，一九三〇年代發生在德國的事無法提供我們什麼普遍適用的教訓。那麼要是以一般人爲例，逐步增加令人震驚的恐怖行爲，有百分之多少的人會同意這樣的行爲？有多少人會參與，有多少人會抗拒？

要回答這些問題，請考慮以下的情景（這個故事可能聽來很熟悉，但我們會在故事中加個新的變化）。[14]

一個炎熱的八月天，你走進耶魯大學心理系古老的紅磚建築參加一項實驗。[15]在那一週稍早，招募你的研究人員告訴你，這項研究的目的是檢驗懲罰對記憶的效果。

你抵達後，那位研究人員來接待你，帶領你和另一位參與者一起進入房間。研究人員解釋說，你將與坐在隔壁的志願參與者一起完成實驗。你扮演老師的角色，而你的同伴將扮演學生。這名學生會拿到一張清單，上面有要他記住的一組詞組。如果學生犯錯，你就在一部看來很新奇的機器上按一下按鈕，機器會對綁在電椅上的學生電擊。

電擊機上清楚地說明共有三十個電壓等級，範圍由十五伏特到四百五十伏特。在每個等級旁邊都有說明，由「輕微電擊」（接近最低的電壓），到「危險：嚴重電擊」（接近最高電壓）。「雖然電擊可能會非常疼痛，但不會造成永久的組織傷害。」研究人員向你們倆保證，並要求你們自行用手臂嘗試最低的電壓電擊。經過測試後，你同意它確實並沒有那麼嚴重。於是實驗開始了！

你透過對講機向學生提供第一個測試字：「棍子麵包」。學生正確回答：「魚條」。你說出第二個測試詞：「意外之財」。「恐龍。」學生說。這是錯誤的答案，因此研究人員指示你按下按鈕，以最低電壓電擊學生。學生每犯一個錯誤，你就必須將電壓升高十五伏特：三十、四十五、六十、七十五。在七十五伏特時，你會聽到另一個房間傳來輕微的喊痛聲，但你繼續：九十、一〇五、一二〇。這時學生喊叫起來。

到一五〇伏特時，學生大喊：「實驗人員，讓我離開這裡！我不要再參加實驗了！我拒絕繼續！」電壓到一八〇伏特時，學生吼道：「我受不了了。」到二七〇伏特時，學生尖叫，三〇〇伏特時他不肯再回答問題。三三〇伏特之後，你就再也聽不到學生的聲音了。你會在什麼時候停止電擊？

你可能已經注意到，上面的情境是模仿耶魯大學心理學家史坦利·米爾格倫（Stanley Milgram）於一九六一年所做的一連串著名實驗。[16]米爾格倫的「學生」是爲他工作的一名同事。在最初的實驗報告中，米爾格倫說，六五％的參與者一直進行到四五〇伏特的電擊，比「危險：嚴重電擊」的程度還高兩級。在後來的實驗中，六二％的參與者達到了最高電壓的電擊。米爾格倫實驗的參與者不太可能和一般人相異。他們來自各行各業，包括工程師、高中教師和郵局職員。雖然他們只包括男性，但在二〇〇九年重做包括男女兩性的實驗中，基本的結果也相同（只有服從率略低）。[17]

米爾格倫的目標是了解威權主義的興起，也就是在二戰期間，德國所清楚呈現的主義。他想研究服從，並探究人們怎麼會參與可怕的行為。確實，米爾格倫的實驗告訴我們關於服從的重要資訊，但不論有意還是無意，他也在研究習慣化。

假設米爾格倫一開始就要求參與實驗者採用最大電壓的電擊，有多少人會聽從？我們猜想這個數字會低很多。透過要求「老師」一次一步地升高電壓，由A到B到C到D，米爾格倫正是在誘導習慣化。實驗中的老師可能在步驟A（提供十五伏特電擊）時感到有些內疚，但隨著每一次增加的電擊，這種內疚感就會減弱。當老師到達步驟D（高電壓）時，他們已經適應了對另一個人施予可怕痛苦的想法和罪惡感。

在耶魯大學條件受到控制的實驗室中施予電擊，與參與（或旁觀）種族滅絕相差甚遠，但我們懷疑類似的原則在兩者中都發揮作用。當恐怖的惡行以很小的方式開始，並且逐漸增加時，它們引起較弱的情緒反應，較少的抗拒，更容易接受，因此讓愈來愈大的恐怖在光天化日之下上演。對這個現象有所認識，可使更多人預見即將發生的事，並及時採取行動。

第13章

法律：為痛苦定價？

幾年前，在一個寒冷漆黑的雪夜，凱斯在麻州康科德（Concord）走路回家。他過馬路爲兒子買了披薩，然後再次穿越馬路，準備走最快的路線回家。

接下來，凱斯只知道自己在看似醫院的地方醒來。他的身體插著各種儀器。他的頭很痛；手臂很痛；腿也很痛；渾身都痛。最痛的是他的胸口。他幾乎無法動彈。他想：「現在有兩種可能。第一個可能是我在醫院，情況確實不妙；第二個可能是我做了噩夢。看來我比較可能是在做夢。」想到這裡，凱斯安心了，於是他又睡著了。幾個小時後，他再次醒來。他還在醫院，而且是同一間醫院。全身仍然都很痛。這不是夢。

醫生告訴凱斯，他被一輛時速約六十五公里的汽車撞了。「大難不死，你應該慶幸。」醫生說。可是凱斯並不覺得慶幸。醫生以平淡而實際的語氣繼續說：「你有嚴重的腦震盪，全身多處骨折。」然後醫生要凱斯動一下腳趾。凱斯遵囑照辦，醫生露出燦爛的笑容，很明顯地鬆了一口氣。

醫生解釋說，凱斯已經睡了整整十二個小時，雖然他的傷處很多，傷勢嚴重，但所有的初步跡象都顯示他會完全康復。雖然這將會是艱難的幾週，甚至可能是艱難的幾個月。但過不了多久，凱斯就會康復了。

醫生的預測是對的。凱斯恢復得很快，儘管最初幾週並不太有趣，非常疼痛而且受盡折磨。在那幾週，當地警方向凱斯提供了許多詳細的資料，告訴他意外究竟是如何發生的。

凱斯在暴風雪中穿越馬路，當時能見度很差，顯然撞到凱斯的駕駛人沒有看到他，也沒有減速。凱斯的一些朋友問他是否提告，要求肇事司機賠償。

凱斯完全沒興趣這麼做。但如果司機確實有疏忽——比如他超速，並且沒有注意路況，凱斯就可能會因為「承受痛苦和折磨」而獲得一大筆賠償金，意即賠償他因受傷而經歷的痛苦。他也可能因康復期間失去的生活樂趣而獲得「快樂損害賠償」（hedonic damages，不能跑步、不能跳躍、減少走路、不能打網球、少了樂趣）。

在許多法律制度中，你可以因受到襲擊、交通事故、餐廳食物中毒、工作中的性騷擾等等獲得金錢賠償。有些人因此發了橫財。大致說來，「痛苦折磨」是指體驗到的「不」快樂（困難的一小時或一天），而「快樂損害賠償」是指失去的快樂（無法享受某些活動）。

因此，如果你被車撞上，花了幾週才康復，這段期間必然會經歷很多痛苦和折磨。法律制度會問，你需要對方付你多少錢，才能讓你的處境不會比沒被撞時更糟？你可能會想道：「這是開玩笑嗎？任何金額都不夠！」

那或許是對的。但得到賠償一定比沒有得到賠償好，如果你遭受的痛苦沒那麼多，或許一點錢確實可以補償你那不好過的幾週。如果你吃了很多苦頭，或許巨額金錢也能提供很高程度的補償。至少希望如此。

就快樂損害而言，重點在於：如果你受到傷害，可能就會喪失一些東西，包括做你喜歡或熱愛的活動。也許你幾個月都不能跑步。金錢應該補償你這些損失——由整體福祉的角度來看，金錢讓你達到若你沒有受傷本應到達的境地。也許再多的錢也無法讓你到達那個境地，至少對於最可怕的損失來說是如此。但我們的目標是：努力讓人們恢復到如果沒有發生傷害，本應可以享受的幸福水準。

補償也應該產生嚇阻的效果，它會鼓勵人們更安全地駕駛，降低食物中毒的風險，生產沒有副作用的藥物。

爲了確定正確的賠償金額，陪審團和法官必須了解有關於人類經驗的本質和特性的難題。他們需要了解在車禍後復元的八週是什麼樣的情況，然後把這些資訊轉化爲金錢數字。正確的數字是一萬美元嗎？還是五萬美元？十萬美元？二十萬美元？更多？陪審團或法官怎麼知道？卽使凱斯親身經歷，他還是不清楚。

現在你或許已經知道，由於人們會習慣化，因此他們所遭受的痛苦和喪失的快樂會比他們不習慣時少得多。這並不是直覺的猜測，許多研究淸楚地顯示，在我們預測可怕的事件將如何影響我們和他人時，我們低估了習慣化的作用。例如，假設某人失去了兩根手指，法律制度必須把損失——包括折磨和痛苦，化爲金錢。失去兩根手指的想法似乎非常可怕，但因爲習慣化，這種損失對人們日復一日或月復一月實際經歷的影響，可能並不像人們想像的那麼嚴重。

經過一段時間的調整和過渡，失去兩根手指者的感受可能不會比沒有失去兩根手指的人差多少。事實上，他們的情況可能不會更糟（值得注意的是，有些研究顯示，一般人和失去一肢的人，幸福感並沒有差異）。[1] 陪審團和法官與其他人一樣，會低估人們對一手只有三根手指的習慣化能力，因此他們可能會誇大情感損失的嚴重程度。

所謂的「聚焦錯覺」（focusing illusion）會加劇這些類型的錯誤。它基本的理念是，在你想到生活的某一方面時，你常常會誇大它的重要性。你以為它的影響比它實際的影響更大。正如丹尼爾．康納曼所說的：「人世間任何你正在思索的事，都沒有你想像中的那樣重要。」[2]

例如，住在加州和不住在加州的人，都認為加州的人比較幸福。[3] 但是人們卻發現居住在加州的人並不比居住在其他地方的人更幸福。尤其若把重點放在加州的天氣上，居住在加州的人和居住在俄亥俄州的人都認為他們在加州會更幸福——儘管資料顯示，天氣並不是大多數人在談幸福感時特別重要的決定因素。人們把重點放在特定的損失或收益上，卻沒有意識到，在發生這樣的損失或收益後，他們並不會對它特別注意。在人們「準備好」要考慮天氣，或任何其他對大多數人的幸福感來說相對不重要的因素時（例如，在運動中出色的表現能力），聚焦錯覺會導致人們過度重視那個因素。

當被要求對損失進行損害賠償時，陪審團和法官的注意力集中在相關的損失上。這就好像陪審團被問到：「你在加州會更幸福嗎？」由於陪審團和法官專注於某種特定的傷害，因此他們不太可能會察覺，在大多數時候，人們在日常生活中可能並不會太關注這種傷害。光是審判這樣的情境，就會導致人們忽視習慣化，並產生聚焦錯覺。＊我們不難發現可能受到這種影響的巨額痛苦和折磨賠償案例：[4]例如，因為患者一手喪失感覺和力量，而提供一百萬美元的賠償，[5]或者因手部外觀毀損，而提供一百五十萬美元的賠償。[6]

「快樂損害賠償」也是遵循同樣的邏輯。假設某人失去了行動能力，再也無法滑雪或踢足球。滑雪很棒，踢足球也很棒。但如果問題是這個人在「生活樂趣」中有多少損失，那麼答案很可能「並不像你想像的那麼多」。

要說明的是，正如凱斯本人可以證明的，即使習慣化代表長期的傷害比預期小，短期傷害卻可能很嚴重。在短期內，人們可能會經歷某個程度的痛苦、恐懼、哀悼和悲痛，為此需要巨額賠償。短暫而劇烈的痛苦或失落感也該獲得巨額的金錢賠償。

此外，習慣化未必會發生，即使發生，也可能只是局部的。在某些情況下，法官或陪審團裁決的金額可能不足。例如，適應身體的疼痛可能特別困難，而有些人一直都無法習慣這樣的疼痛。假設原告因車禍而長期背痛，儘管疼痛的程度相對較輕，但如果它一直持續，那就很糟糕。我們不難找到在類似的情況下，陪審團裁定賠償額較低的案件。例如：

- 對造成每週三至四次頭痛，以及手、膝蓋和肩膀持續疼痛的事故，賠償四千美元。[7]
- 一名十九歲的女性因交通事故導致髖部變形和背痛，賠償兩萬五千美元。[8]
- 因頸部椎間盤突出而導致頸部永久性疼痛，以及半月板撕裂引起的膝蓋永久性疼痛，賠償三萬美元。[9]

在上述幾個案例中，賠償金額都似乎太低，因爲習慣化可能不會發生，或可能受

* 對於原告和陪審團都是如此。提起訴訟的人可能比不提告的人更關注自己所受的傷害。阻止（某些）原告提起訴訟也可能有其意義，因爲訴訟會妨礙習慣化。

到限制，因此傷害可能持久。在你初次考量時，輕微的背痛、頭痛、耳鳴，以及頸部或膝蓋疼痛，似乎並不特別嚴重。我們許多人都熟悉這樣的疼痛，與失去肢體不同。很容易想像法官或陪審團會得出這樣的結論：雖然頭痛令人不快，但它們是日常生活的一部分，而失去肢體則是毀滅性的。可是如果人們不能習慣頭痛、耳鳴，和類似情況，他們將會遭受巨大的損失，而法官或陪審員可能不會意識到這一點。此外，如果意外事件造成憂鬱或焦慮，這些心理健康的問題也會減緩習慣化的過程（如我們在第四章中所看到的）。精神傷害可能很嚴重，因此高額的損害賠償是合理的。然而法官和陪審員很可能看不到這一點。

能力

「痛苦和折磨」和「快樂損害」的概念本身就顯示，重要的是人們是否痛苦，或者失去快樂。（在許多國家，這條法律就是以這些用語來表達。）但正如我們所見，**情緒狀態並不是全部**。法律制度應該而且也正在注意這一點。假設你失去了一條腿，經過一段艱難但短暫的適應期後，你像失去腿之前一樣快樂。法律應該忽視你所受的傷害嗎？絕不。你不能用腿走路；你一定沒辦法跑。你不能再參加許多你過去認爲理所當然的活動。你可能不會再感到疼痛，也可能不再覺得痛苦或悲傷。儘管如此，你還是喪失了一種能力，[10]你應該爲這個損失獲得損害賠償。即使你的情緒狀態無法辨識它，但這種損失是眞實且重大的。考量一下這樣的事實：有大量證據顯示，即使人們已經習慣了某種不健康的狀況，因此由快樂的角度來看，他們不會受到太多痛苦，或根本不覺得痛苦，然而他們還是強烈希望能處在健康的狀態。[11]

失去生理或認知能力的人也會遭受客觀的傷害。做過結腸造口術，或者每週必須接受幾次腎臟透析治療的人，無論他們的情緒狀態如何，都會經歷眞正的損失。確實，接受結腸造口術的病人，幸福感似乎並不比沒有接受這種手術的人低，但他們表示，寧可縮短自己一五％的壽命，只要能夠在沒有結腸造口術的情況下生活。[12]同樣，洗腎病患似乎和我們其他人一樣享受人生，但他們中有許多人表示，願意縮短剩餘壽命，只求維持正常的腎功能。[13]

病患也有可能會受到「聚焦錯覺」的影響，就像在芝加哥或克里夫蘭的人認爲，如果他們能夠有洛杉磯居民所享受的天氣，他們的生活會好得多一樣。不過，病患願意爲了健康而放棄大段時間的壽命，這個事實似乎顯示他們經歷的是眞正的損失——能力的損失，即使他們的情緒狀態相當好。

在許多情況下，痛苦和折磨或快樂損害最好被當成能力損害比較容易了解。例如，法院因人們失去參與體育活動的能力，[14]失去味覺和嗅覺的感知能力，[15]協調能力不良，[16]以及喪失性功能，[17]而判給他們大量的金錢。在這類案件中，法院可能認爲原告遠遠沒有他們該有的快樂。果眞如此，他們恐怕就錯了。然而，所有的原告都失去了一連串能力，因此受到重大的損害。

如果人無法行走、跑步，或參與體育活動，他們的生活就會受到損害，即使他們對這些損傷已經習慣化了。如果人們能夠習慣他們的損失，他們的生活會比不習慣的情況好得多。但即使如此，損失仍然是損失，人們應該爲此得到補償。

第14章

生活實驗：去習慣化的未來

人類雖然不完美，但應該有不同的觀點，因此也應該有不同的生活實驗，這是有用的。

——約翰·史都華·彌爾（John Stuart Mill）[1]

一二七一年，一個名叫馬可的義大利青年由家鄉威尼斯出發，前往中國。這趟旅行很辛苦；馬可必須翻山越嶺，穿越大沙漠。有時食物匱乏，水也有限，他在途中還曾經病倒。但他一心一意要到達目的地，經過大約四年的跋山涉水，他終於做到了，[2]成為少數能抵達中國的義大利人之一。

七百四十六年後，另一位義大利人馬可離開故鄉來到中國。他也穿越了沙漠和高山，只是他是搭機而非步行。他吃了一頓美味的雞肉晚餐，喝了一杯白酒，看了一個節目，然後小憩了一會兒。等他醒來時，已經到了北京。他花了九小時十三分鐘就到達目的地。他是當年到中國約二十五萬義大利人中的一員。

五年後，第三個名叫馬可的年輕人懶洋洋地躺在威尼斯的公寓裡。他戴上頭戴裝置，幾秒鐘之內就來到了中國的萬里長城。在接下來的三十二分鐘裡，他探索了這座宏偉的建築物，並沿途與當地人聊天。他是體驗虛擬實境的數百萬義大利人之一。

如今，你的大腦可以在幾分鐘內輕鬆前往地球上的四面八方（甚至更遠之處）。使用網際網路或虛擬實境，你可以把自己的心智沉浸在與自己所在不同的文化和地方，並與不同信仰和行爲準則的人聯繫。你也可以透過商業班機的奇蹟在幾個小時內親自造訪這些地方，體驗你以前從未聞過、聽過或見過的氣味、聲音和景象。

然而，就在不久之前，大部分的人都是在出生地幾平方公里的範圍內度過一生。生活在千百年前的馬可、瑪麗、湯姆、亞伯拉罕、莎拉和芙蘭切絲卡只接觸過一種方言、一種文化、一種美食，和一種風景。他們認爲自己的存在是自然的、不可避免的、固定的。他們已經習慣了周圍的一切。大多數人無法想像還有其他可能的現實存在。他們有一些信仰是錯誤的，有一些習俗是殘酷的，但如果不跟其他觀念和行爲準則比較，就很難注意到哪些方面可以改進以及如何改進。由於受到經驗的界定和限制，他們無法輕易看出什麼值得讚揚和歌頌，什麼需要審視和重新評估。

當然，你的祖先包括具有不同信念、偏好和想法的人。然而對他們來說，要明白下列情況是非常困難的：上帝是衆多可能的崇拜對象之一；或者如果你住在塞內加爾，攝氏十五度就很冷，但如果你住在瑞典，攝氏十五度就很溫暖。要讓你的祖先接受相互競爭的觀點，使他們能夠重新思考他們誤認爲理所當然的事物，就必須要有「生活實驗」。

「生活實驗」一詞，我們取自英國思想家彌爾對「生活實驗」的讚揚。*3 彌爾經常強調由遠處觀察一個人的信仰、價值觀、行爲準則和情況的重要性，這樣才能夠評估他

* 因此彌爾指出，「在目前人類進步程度低落的情況下，讓人類與和自己不同的人，以及思維與行動方式是自己不熟悉的人接觸，有其價值。」

們，或許還能夠了解到應該要做出改變。4

基於有限的經驗，你無法透過直覺確切地知道什麼事物對你、你的家庭或你的社區是好是壞。部分原因在於控制你大腦功能和結構的規則。當環境、行爲準則和行爲固定不變時，你心智的思考演算會讓你很難注意到周圍的神奇和惡劣之處。那麼你又怎麼能知道什麼對你的生活和社會最有利，有什麼需要改變，又有什麼應該讚揚？

我們可以這樣想：你怎麼知道抽菸會致癌？你怎麼知道一枚銀幣是否會漂浮在平靜的藍色湖面上？你怎麼知道檸檬派好不好吃？答案是要做實驗。你品嚐檸檬派，把硬幣放在水面上，比較吸菸者與不吸菸者的壽命。在重要的事物上，同樣的方法也適用於好與壞的觀念。這些觀念需要透過你近距離觀察、甚至實踐的經驗來測試，而不僅僅是拿它們與你的直覺做比較。*

誠然，生命短暫，資源有限，所以你無法親自嘗試所有的生活形式，來找出最適合你的信仰和模式。這就是全世界的馬可．波羅登場之處。

馬可．波羅的一生多彩多姿——在心理上十分豐富。他離開歐洲前往亞洲，當時這樣做既困難又罕見。他體驗了一個截然不同的世界，去習慣化。新世界的每一個面向都影響了他對舊世界的看法，他對治理、家庭、婚姻、殘酷、智慧和美的看法有了變化，他察覺某些味道和聲音的能力也改變了。

原因很明顯。你如何評估和感知物體、觀念和事件，甚至你是否注意到它們，都取決於背景情境。價值觀和看法取決於你同時經歷的其他物體或事件，以及你過去經歷的其他物體或事件。（回想一下我們引用的H．G．威爾斯名句：「成百上千種不自然或令人厭惡的事物，在我眼中很快就變得自然而平常。我想世上一切事物的色彩，都是取自於我們周遭環境的基本色調。」[5]）

例如，你是否會判斷某些面孔具有威脅性，取決於你所看到的其他面孔。[6]當你周圍都是非常具有威脅性的面孔時，你就會習慣那些面孔；結果你會開始把威脅性輕微的面孔視為中立。而當周圍很少有威脅性強烈的面孔時，你就可能會認為威脅性輕微的面

＊ 我們無意在此提出任何關於美好生活成分的爭議性哲學主張。單純的重點是：我們很難在不了解其他選擇的情況下，知道什麼是好，什麼是壞。

孔看來非常具有威脅性。或者想像一下，你的任務是確定哪些研究提案符合道德規範，哪些不符合道德規範。如果你看到一堆明顯不道德的提案，你就比較可能會批准雖然有問題，但並非明顯不道德的提案。評價和看法取決於普遍盛行的事物，因此，如果不同的事物開始流行，你的看法就會改變，你對是非的看法也會改變。[7]

馬可．波羅徹底改變了他的環境背景，在他離鄉二十四年重回義大利時，他不再習慣歐洲的習俗。但重要的一點在於——一個人的這些「生活實驗」並不僅僅改變了那個人。馬可．波羅把他的觀察結果和家鄉的其他人分享，首先是口頭分享，後來他在《馬可．波羅遊記》（*The Travels of Marco Polo*）[8]中詳細介紹了他的旅程。由這點來說，他是去習慣化的倡導者。

這本遊記由馬可．波羅口述，作家魯斯蒂謙（Rustichello da Pisa）記錄，向歐洲人描述了一種與他們自己截然不同的文化和世界。這本書大受歡迎，它爲讀者提供了觀察自己生活的新視角。使他們能夠擺脫習慣，移動視線，並注意到周圍他們以前看不到的顏色，使他們能夠關上灰階。「生活實驗」讓實驗者（馬可．波羅）和觀察者（他的讀者）都能以新的眼光重新估量自己的生活，並重新評斷可能已經凍結的信念。

如今要當實驗者或觀察者都比以往容易得多。人類比歷史上任何時期都更容易接觸到與自己不同的人，以及不熟悉的思想和行爲模式，原因之一是國際旅行相對便捷。如果你生活在一個面臨可怕問題的城市或國家（高犯罪率、污濁的空氣、高度貧困、腐敗），你可以很容易就近距離地觀摩沒有這些問題的城市和國家。如果你住在很多方面都很美好的城市或國家，你也可以很容易地近距離觀察沒那麼美好的城市和國家。

雖然實體的存在可能無法取代，但你不必旅行就能接觸不同類型的人和不同的生活方式。你可以在網路上這樣做，遇到可能會讓你震驚的文字、圖像、影片和虛擬實境。你遇到的事情可能使人反感，也可能令人興奮。但無論是哪一種情況，它都可能讓你以全新的眼光看待自己的處境和生活，並對眼前的事物感到驚訝。

偉大的棒球選手尤吉·貝拉（Yogi Berra）說：「做預測很困難，尤其是對未來的預測。」我們同意。儘管如此，當前和新興的科技有望讓分歧的信念和傳統更加靠近。我們可以很容易地想像這樣一個未來，人們可以在一天甚至一個早上體驗各種不同的現實，把這些經驗與自己眞正的經歷分開，並以新的眼光來看待自己的經歷。

這些科技可以充當「去習慣化的機器」，讓我們脫離自己的現實，然後再次回到自己的現實。在某些情況下，它的結果會令人不安和不快，我們會突然看到可怕的事物。但在其他情況下，我們希望，我們的世界將會重新煥發光彩。

謝辭

我們感謝許多人對這本書的協助。One Signal的主編Julia Cheiffetz由一開始就看出我們的想法可行，並巧妙地指導我們由構思到成稿。她的指引和說明彌足珍貴。Little, Brown出版公司的主編Sameer Rahim爲我們提供了深入的評論，並提出樂觀的見解。我們感謝聰敏的Tim Whiting對本書和先前作品的信心。我們也感激Ida Rothschild仔細認眞地審視了本書後期的草稿，並提出許多建言，使本書獲得重大的改進。

要不是下面這幾位傑出的經紀人，這本書就不可能誕生。Heather Schroder（Compass Talent）、Sophie Lambert (Conville and Walsh)、Sarah Chalfant（Wylie Agency）以及Rebecca Nagel（Wylie Agency）。我們很幸運有這些堅強而聰慧的女性支持，她們不僅是爲我們的工作奮鬥的經紀人，同時也是關懷備至的睿智朋友。

我們感謝Amir Doron指引我們本書中最有趣的故事，感謝Mani Ramaswami和

Lucile Kellis對我們大有助益的討論。我們感謝Oren Bar-Gill、Laura Globig、Eric Posner、Liron Rozenkrantz、Mark Tushnet和Valentina Vellani對初步草稿提出的寶貴意見。我們也非常感謝Affective Brain Lab各位優異的學生，本書採用了他們的研究，包括：Neil Garrett、Hadeel Haj Ali、Chris Kelly、Bastien Blain、Laura Globig、Valentina Vellani、Stephanie Lazzaro、Sara Zheng、Nora Holtz、Irene Cogliati Dezza、Moshe Glickman和India Pinhorn。我們同樣感謝哈佛法學院及它的行爲經濟學和公共政策計畫（Program on Behavioral Economics and Public Policy），以及約翰・曼寧（John Manning）院長提供的各種支持。最後，我們感謝Kathleen Rizzo和Victoria Yu爲完成本書所做的英勇工作。

塔莉的話：非常感謝我的家人的支持。我很幸運，每天都有一個聰明的頭腦陪在我身邊——我的另一半Josh McDermott。我對他的意見深信不疑。謹以此書獻給我們美妙、可愛、善良的孩子，Livia和Leo，我對他們的愛永遠不會習慣化。

凱斯的話：特別感謝吾妻Samantha Power的智慧、幽默和善良，以及為本書所做的多次討論。我年幼的子女，Declan和Rían都是耐心且積極參與對話的同伴，而我的大女兒Ellyn自始至終都是了不起的朋友；本書獻給他們以及Livia和Leo。我的拉布拉多愛犬Snow和Finley在整個過程中一直陪伴在我身邊，並有幾次被寫進本書（我希望不會太顯眼）。

第14章

1. J. S. Mill, *On Liberty* (London: John W. Parker & Son, 1859), 101.
2. Marco Polo, *The Travels of Marco Polo: The Venetian* (London: J. M. Dent, 1921).
3. John Stuart Mill, *Principles of Political Economy with Some of Their Applications to Social Philosophy*, Volume II (New York: D. Appleton & Company, 1909), 135.
4. Mill, *On Liberty*.
5. H. G. Wells and J. Roberts, *The Island of Dr. Moreau* (Project Gutenberg, 2009), 136.
6. D. E. Levari et al., "Prevalence-Induced Concept Change in Human Judgment," *Science* 360 (6396) (2018): 1465–67.
7. 出處同上。
8. Rustichello da Pisa, *The Travels of Marco Polo* (Genoa, n.d., ca. 1300).

（注釋請從第314頁開始翻閱）

10. Amartya Sen and Martha Nussbaum have explored the centrality of capabilities in many places. See, for example, Sen, *Commodities and Capabilities*; and Martha Nussbaum, *Creating Capabilities: The Human Development Approach* (Cambridge, MA: Harvard University Press, 2011). We are not using the idea of "capabilities" in the same sense as Sen and Nussbaum, but our use belongs in the same general family, focusing on the capacity to function, rather than subjective mental states.
11. Ubel and Loewenstein, "Pain and Suffering Awards: They Shouldn't Be (Just) about Pain and Suffering."
12. G. Loewenstein and P. A. Ubel, "Hedonic Adaptation and the Role of Decision and Experience Utility in Public Policy," *Journal of Public Economics* 92 (8–9) (2008): 1795–1810.
13. 出處同上。1799.
14. *Matos v. Clarendon Nat. Ins. Co.*, 808 So. 2d 841 (La. Ct. App. 2002).
15. *Daugherty v. Erie R.R. Co.*, 169 A. 2d 549 (Pa. Sup. Ct. 1961).
16. *Nemmers v. United States*, 681 F. Supp. 567 (C.D. Ill. 1988).
17. *Varnell v. Louisiana Tech University*, 709 So. 2d 890, 896 (La. Ct. App. 1998).

of Legal Studies 37 (S2) (2008): S195–S216.

2. Daniel Kahneman, *Thinking, Fast and Slow* (New York: Farrar, Straus and Giroux, 2011), 402.
3. D. A. Schkade and D. Kahneman, "Does Living in California Make People Happy? A Focusing Illusion in Judgments of Life Satisfaction," *Psychological Science* 9 (5) (1998): 340–46.
4. *Dauria v. City of New York*, 577 N.Y.S. 2d 64 (N.Y. App. Div. 1991); *Coleman v. Deno*, 832 So. 2d 1016 (La. Ct. App. 2002); *Squibb v. Century Group*, 824 So. 2d 361 (La. Ct. App. 2002); *Thornton v. Amtrak*, 802 So. 2d 816 (La. Ct. App. 2001); and *Keefe v. E & D Specialty Stands, Inc.*, 708 N.Y.S. 2d 214 (N.Y. App. Div. 2000).
5. *Keefe*, 708 N.Y.S. 2d.
6. *Thornton*, 802 So. 2d; see also *Levy v. Bayou Indus. Maint. Servs.*, 855 So. 2d 968 (La. Ct. App. 2003) (awarding $50,000 for loss of enjoyment of life as a result of postconcussion syndrome).
7. *Hatcher v. Ramada Plaza Hotel & Conf. Ctr.*, No. CV010807378S, 2003 WL 430506 (Conn. Super. Ct. Jan. 29, 2003).
8. *Frankel v. Todd*, 260 F. Supp. 772 (E.D. Pa. 1966).
9. *Russo v. Jordan*, No. 27,683 CVN 1998, 2001 WL 914107 (N.Y. Civ. Ct. June 4, 2001).

3. 出處同上。142.
4. 出處同上。
5. Mayer, *They Thought They Were Free*, viii.
6. 出處同上。93.
7. Timur Kuran, *Public Truths, Private Lies* (Cambridge, MA: Harvard University Press, 1997), 3.
8. Mayer, *They Thought They Were Free*, 168.
9. Haffner, *Defying Hitler,* 111.
10. 出處同上。150.
11. 出處同上。156.
12. Mayer, *They Thought They Were Free*, 169–70.
13. Haffner, *Defying Hitler*, 85.
14. Stanley Milgram, *Obedience to Authority* (New York: Harper Perennial, 2009).
15. 出處同上。
16. S. Milgram, "Behavioral Study of Obedience," *Journal of Abnormal and Social Psychology* 67 (4) (1963): 371–78.
17. J. M. Burger, "Replicating Milgram: Would People Still Obey Today?," *American Psychologist* 64 (1) (2009): 1.

第13章

1. P. A. Ubel and G. Loewenstein, "Pain and Suffering Awards: They Shouldn't Be (Just) about Pain and Suffering," *Journal*

15. X. Ferrer et al., "Bias and Discrimination in AI: A Cross-Disciplinary Perspective," *IEEE Technology and Society Magazine* 40 (2) (2021): 72–80; and K. Miller, "A Matter of Perspective: Discrimination, Bias, and Inequality in AI," in *Legal Regulations, Implications, and Issues Surrounding Digital Data*, ed. Margaret Jackson and Marita Shelly (Hershey, PA: IGI Global, 2020), 182–202.
16. T. Telford, "Apple Card Algorithm Sparks Gender Bias Allegations against Goldman Sachs," *Washington Post*, November 11, 2019, https://www.washingtonpost.com/business/2019/11/11/apple-card-algorithm-sparks-gender-bias-allegations-against-goldman-sachs/.
17. M. Glickman and T. Sharot, "Biased AI Produce Biased Humans," PsyArXiv, 2023.

第12章

1. Milton Mayer, *They Thought They Were Free* (Chicago: University of Chicago Press, 1955), 168. Several quotations from this book appear below, as will be clear from the context.
2. Sebastian Haffner, *Defying Hitler* (New York: Macmillan, 2000). Here, several quotations from this book appear below, as will be clear from the context; we spare the reader page references.

4. William J. Weatherby and Colin Welland, *Chariots of Fire* (New York: Dell/Quicksilver, 1982), 31.
5. Griffin, *Black Like Me*, 192.
6. 出處同上。49.
7. 出處同上。64.
8. April Dembosky, "Can Virtual Reality Be Used to Combat Racial Bias in Health Care?," KQED, 2021, https://www.kqed.org/news/11898973/can-virtual-reality-help-combat-racial-bias-in-health-care.
9. T. C. Peck et al., "Putting Yourself in the Skin of a Black Avatar Reduces Implicit Racial Bias," *Consciousness and Cognition* 22 (3) (2013): 779–87.
10. Catharine A. MacKinnon, *Sexual Harassment of Working Women: A Case of Sex Discrimination* (New Haven, CT: Yale University Press, 1979).
11. *Meritor Savings Bank v. Vincent*, 477 U.S. 57, 64 (1986) (internal editing symbols omitted).
12. Betty Friedan, *The Feminine Mystique* (New York: W. W. Norton, 2010).
13. Solomon Northup, *Twelve Years a Slave* (Baton Rouge: Louisiana State University Press, 1968).
14. K. Nave et al., "Wilding the Predictive Brain," *Wiley Interdisciplinary Reviews: Cognitive Science* 11 (6) (2020): e1542.

12. 出處同上。

13. 出處同上。

14. John F. Helliwell et al., *World Happiness Report 2021*, https://worldhappi ness.report/ed/2021/.

15. Elster, *America before 1787*, 45.

16. Graham, "Why Societies Stay Stuck in Bad Equilibrium."

17. Tesch-Romer, Motel-Klingebiel, and Tomasik, "Gender Differences in Subjective Well-Being," and Vieira Lima, "A Cross-Country Investigation of the Determinants of the Happiness Gender Gap."

18. George Orwell, *1984* (Oxford: Oxford University Press, 2021), 208.

第11章

1. John Howard Griffin, *Black Like Me: The Definitive Griffin Estate Edition, Corrected from Original Manuscripts* (Chicago: Wings Press, 2004), 210.

2. Peter Holley, " 'Super Racist' Pool Safety Poster Prompts Red Cross Apology," *Washington Post*, June 27, 2016, https://www.washingtonpost .com/news/morning-mix/wp/2016/06/27/super-racist-pool-safety-poster-prompts-red-cross-apology/.

3. 出處同上。

Subjective Well-Being and Their Relationships with Gender Equality," *Journal of Happiness Studies* 16 (6) (2015): 1539–55; and M. Zuckerman, C. Li, and J. A. Hall, "When Men and Women Differ in Self-Esteem and When They Don't: A Meta-Analysis," *Journal of Research in Personality* 64 (2016): 34–51.

6. https://www.pewresearch.org/social-trends/2023/04/13/in-a-growing-share-of-u-s-marriages-husbands-and-wives-earn-about-the-same/.
7. R. B. Rutledge et al., "A Computational and Neural Model of Momentary Subjective Well-Being," *Proceedings of the National Academy of Sciences of the USA* 111 (33) (2014): 12252–57.
8. C. Graham, "Why Societies Stay Stuck in Bad Equilibrium: Insights from Happiness Studies amidst Prosperity and Adversity," IZA Conference on Frontiers in Labor Economics: The Economics of Well-Being and Happiness, Washington, DC, 2009.
9. Jon Elster, *America before 1787: The Unraveling of a Colonial Regime* (Princeton, NJ: Princeton University Press, 2023).
10. Amartya Sen, *Commodities and Capabilities* (Amsterdam: North-Holland, 1985), 7.
11. Graham, "Why Societies Stay Stuck in Bad Equilibrium."

29. Markham Heid, "How to Help Your Body Adjust to Colder Weather," *Time*, October 29, 2019, https://time.com/5712904/adjust-to-cold-weather/.
30. Rene Dubos, *So Human an Animal* (New York: Charles Scribner's Sons, 1968).

第10章

1. https://jessepaikin.com/2020/07/05/may-you-always-be-surprised/.
2. https://her-etiquette.com/beautiful-story-start-new-year-jorge-bucay/.
3. B. Stevenson and J. Wolfers, "The Paradox of Declining Female Happiness," *American Economic Journal: Economic Policy* 1 (2) (2009): 190–225.
4. 出處同上。
5. C. Tesch-Romer, A. Motel-Klingebiel, and M. J. Tomasik, "Gender Differences in Subjective Well-Being: Comparing Societies with Respect to Gender Equality," *Social Indicators Research* 85 (2) (2008): 329–49; S. Vieira Lima, "A Cross-Country Investigation of the Determinants of the Happiness Gender Gap," chapter 2 in "Essays on Economics and Happiness" (PhD diss., University of Milano-Bicocca, 2013); G. Meisenberg and M. A. Woodley, "Gender Differences in

Archiv fur die gesamte Physiologie des Menschen und der Thiere 6 (1872): 222–36, https://doi .org/10.1007/BF01612252; and Edward Wheeler Scripture, *The New Psychology* (New York: W. Scott Publishing, 1897), 300.

21. "Next Time, What Say We Boil a Consultant," *Fast Company*, October 31, 1995; and Whit Gibbons, "The Legend of the Boiling Frog Is Just a Legend," *Ecoviews*, December 23, 2007.
22. Paul Krugman, "Boiling the Frog," *New York Times*, July 13, 2009.
23. Adam Grant, *Think Again: The Power of Knowing What You Don't Know* (New York: Viking, 2021).
24. Fallows, "Guest-Post Wisdom on Frogs."
25. F. C. Moore et al., "Rapidly Declining Remarkability of Temperature Anomalies May Obscure Public Perception of Climate Change," *Proceedings of the National Academy of Sciences of the USA* 116 (11) (2019): 4905–10.
26. 出處同上。4909.
27. T. R. Davis, "Chamber Cold Acclimatization in Man," *Journal of Applied Physiology* 16 (6) (1961): 1011–15.
28. M. Brazaitis et al., "Time Course of Physiological and Psychological Responses in Humans during a 20-Day Severe-Cold-Acclimation Programme," *PLoS One* 9 (4) (2014): e94698.

Concern," *Environment Science and Policy for Sustainable Development* 35 (9) (1993): 7–39.

14. A. Levinson, "Happiness and Air Pollution," in *Handbook on Wellbeing, Happiness and the Environment*, ed. David Maddison, Katrin Rehdanz, and Heinz Welsch (Cheltenham, UK: Edward Elgar, 2020), 164–82.
15. 出處同上。
16. L. Gunnarsen and P. O. Fanger, "Adaptation to Indoor Air Pollution," *Environment International* 18 (1) (1992): 43–54.
17. Alice Ingall, "Distracted People Can Be 'Smell Blind,' " University of Sussex, June 5, 2018, https://www.sussex.ac.uk/broadcast/read/45089.
18. Y. Shen, S. Dasgupta, and S. Navlakha, "Habituation as a Neural Algorithm for Online Odor Discrimination," *Proceedings of the National Academy of Sciences of the USA* 117 (22) (2020): 12402–10.
19. Friedrich Leopold Goltz, *Beitrage zur Lehre von den Functionen der Nervencentren des Frosches* (Berlin: August Hirschwald, 1869); and James Fallows, "Guest-Post Wisdom on Frogs," *Atlantic*, July 21, 2009, https://www.theatlantic.com/technology/archive/2009/07/guest-post-wisdom-on-frogs/21789/.
20. A. Heinzmann, "Ueber die Wirkung sehr allmaliger Aenderungen thermischer Reize auf die Empfindungsnerven,"

July 24, 1970, 2.

2. https://www.quora.com/Whats-it-like-to-live-near-train-tracks.
3. https://www.quora.com/How-do-people-who-live-near-the-airport-cope-with-the-noise/answer/Brady-Wade-2.
4. https://libquotes.com/robert-orben/quote/lbw1u0d.
5. https://www.quora.com/How-do-people-who-live-near-the-airport-cope-with-the-noise/answer/Brady-Wade-2.
6. G. W. Evans, S. V. Jacobs, and N. B. Frager, "Adaptation to Air Pollution," *Journal of Environmental Psychology* 2 (2) (1982): 99–108.
7. "Report Says LA Has Most Polluted Air in the US," NBC, 2022.
8. Matthew Taylor and Sandra Laville, "British People Unaware of Pollution Levels in the Air They Breathe—Study," *Guardian*, February 28, 2017.
9. Evans, Jacobs, and Frager, "Adaptation to Air Pollution."
10. 出處同上。
11. Sharot Tali, *The Optimism Bias: A Tour of the Irrationally Positive Brain* (New York: Pantheon Books, 2012).
12. L. K. Globig, B. Blain, and T. Sharot, "Perceptions of Personal and Public Risk: Dissociable Effects on Behavior and Well-Being," *Journal of Risk and Uncertainty* 64 (2022): 213–34.
13. R. E. Dunlap, G. H. Gallup Jr., and A. M. Gallup, "Of Global

Habituation in the Brain: Insights from an fMRI Study," *Proceedings of the 33rd Annual ACM Conference on Human Factors in Computing Systems*, 2015, 2883–92.

20. A. Vance et al., "Tuning Out Security Warnings: A Longitudinal Examination of Habituation through fMRI, Eye Tracking, and Field Experiments," *MIS Quarterly* 42 (2) (2018): 355–80.
21. 出處同上。
22. N. Kim and C. R. Ahn, "Using a Virtual Reality–Based Experiment Environment to Examine Risk Habituation in Construction Safety," *Proceedings of the International Symposium on Automation and Robotics in Construction* (IAARC), 2020.
23. Haj Ali, Glickman, and Sharot, "Slippery Slope of Risk-Taking."
24. "Mortality among Teenagers Aged 12–19 Years: United States, 1999–2006," NCHS Data Brief no. 37, May 2010; and "CDC Childhood Injury Report," 2008.
25. Synnott, "Legendary Climber Alex Honnold Shares His Closest Call."

第9章

1. René Dubos, "Mere Survival Is Not Enough for Man," *Life*,

Psychology 20 (3) (2006): 369–81.

12. "Why Workplace Accidents Often Happen Late in Projects," ISHN, October 1, 2016, https://www.ishn.com/articles/104925-why-workplace-accidents-often-happen-late-in-projects.
13. Neil Swidey, *Trapped Under the Sea: One Engineering Marvel, Five Men, and a Disaster Ten Miles into the Darkness* (New York: Crown, 2014).
14. Juni Daalmans, *Human Behavior in Hazardous Situations: Best Practice Safety Management in the Chemical and Process Industries* (Oxford, UK: Butterworth-Heinemann, 2012).
15. 出處同上。
16. "Switch to the Right," *Time*, 1967; "Swedish Motorists Move to Right," *Montreal Gazette*, 1967; and Wikipedia, s.v. "Dagen H."
17. C. Perakslis, "Dagen Hogertrafik (H-Day) and Risk Habituation [Last Word]," *IEEE Technology and Society Magazine* 35 (1) (2016): 88.
18. "Cigarette Labeling and Health Warning Requirements," FDA, https://www.fda.gov/tobacco-products/labeling-and-warning-statements-tobacco-products/cigarette-labeling-and-health-warning-requirements.
19. B. B. Anderson et al., "How Polymorphic Warnings Reduce

Press International, November 1, 1990, https://www.upi.com/Archives/1990/11/01/Magician-dies-in-Halloween-Houdini-type-stunt/2524657435600/.

4. 出處同上。
5. Donald S. Bosch, "Risk Habituation," Headington Institute, 2016, https://www.headington-institute.org/resource/risk-habituation/.
6. H. Haj Ali, M. Glickman, and T. Sharot, "Slippery Slope of Risk-Taking: The Role of Habituation in Risk-Taking Escalation," Computational Cognitive Neuroscience Annual Meeting, 2023.
7. G. F. Loewenstein et al., "Risk as Feelings," *Psychological Bulletin* 127 (2)(2001): 267.
8. Ian Kershaw et al., "David Cameron's Legacy: The Historians' Verdict," *Guardian*, July 15, 2016, https://www.theguardian.com/politics/2016/jul/15/david-camerons-legacy-the-historians-verdict.
9. L. K. Globig, B. Blain, and T. Sharot, "Perceptions of Personal and Public Risk: Dissociable Effects on Behavior and Well-Being," *Journal of Risk and Uncertainty* 64 (2022): 213–34.
10. P. Slovic, "Perception of Risk," *Science* 236 (4799) (1987): 280–85.
11. J. E. Corter and Y. J. Chen, "Do Investment Risk Tolerance Attitudes Predict Portfolio Risk?," *Journal of Business and*

21. M. Pantazi, O. Klein, and M. Kissine, "Is Justice Blind or Myopic? An Examination of the Effects of Meta-Cognitive Myopia and Truth Bias on Mock Jurors and Judges," *Judgment and Decision Making* 15 (2) (2020): 214.
22. G. Pennycook et al., "Shifting Attention to Accuracy Can Reduce Misinformation Online," *Nature* 592 (7855) (2021): 590–95.
23. T. Sharot, "To Quell Misinformation, Use Carrots—Not Just Sticks," *Nature* 591 (7850) (2021): 347.
24. L. K. Globig, N. Holtz, and T. Sharot, "Changing the Incentive Structure of Social Media Platforms to Halt the Spread of Misinformation," *eLife* 12 (2023): e85767.

第8章

1. Mark Synnott, "Legendary Climber Alex Honnold Shares His Closest Call," *National Geographic*, December 30, 2015, https://www.national geographic.com/adventure/article/ropeless-climber-alex-honnolds-closest-call.
2. "Magician Killed Attempting Coffin Escape Trick," *Los Angeles Times*, November 1, 1990; and "When Magic Kills the Magician," *Jon Finch* (blog), https://www.finchmagician.com/blog/when-magic-kills-the-magician.
3. "Magician Dies in Halloween Houdini-Type Stunt," United

Remember," *Canadian Journal of Behavioural Science / Revue canadienne des sciences du comportement* 17 (3) (1985): 199.
13. K. Fiedler, "Metacognitive Myopia—Gullibility as a Major Obstacle in the Way of Irrational Behavior," in *The Social Psychology of Gullibility: Fake News, Conspiracy Theories, and Irrational Beliefs*, ed. Joseph P. Forgas and Roy Baumeister (New York: Routledge, 2019), 123–39.
14. A. J. Horner and R. N. Henson, "Priming, Response Learning and Repetition Suppression," *Neuropsychologia* 46 (7) (2008): 1979–91.
15. R. Reber and N. Schwarz, "Effects of Perceptual Fluency on Judgments of Truth," *Consciousness and Cognition* 8 (3) (1999): 338–42.
16. Hitler, *Mein Kampf.*
17. V. Vellani et al., "The Illusory Truth Effect Leads to the Spread of Misinformation," *Cognition* 236 (2023): 105421.
18. Barbara Mikkelson, "Leper in Chesterfield Cigarette Factory," Snopes, December 17, 1999, https://www.snopes.com/fact-check/the-leper-who-changes-spots/.
19. I. Skurnik et al., "How Warnings about False Claims Become Recommendations," *Journal of Consumer Research* 31 (4) (2005): 713–24.
20. 出處同上。

Principles and Implications 6 (1) (2021): 1–12.

5. G. Pennycook, T. D. Cannon, and D. G. Rand, "Prior Exposure Increases Perceived Accuracy of Fake News," *Journal of Experimental Psychology: General* 147 (12) (2018): 1865.
6. L. K. Fazio et al., "Knowledge Does Not Protect against Illusory Truth," *Journal of Experimental Psychology: General* 144 (5) (2015): 993.
7. J. De Keersmaecker et al., "Investigating the Robustness of the Illusory Truth Effect across Individual Differences in Cognitive Ability, Need for Cognitive Closure, and Cognitive Style," *Personality and Social Psychology Bulletin* 46 (2) (2020): 204–15.
8. 出處同上。
9. J. P. Mitchell et al., "Misattribution Errors in Alzheimer's Disease: The Illusory Truth Effect," *Neuropsychology* 20 (2) (2006): 185.
10. T. R. Levine et al., "Norms, Expectations, and Deception: A Norm Violation Model of Veracity Judgments," *Communications Monographs* 67 (2) (2000): 123–37.
11. D. L. Schacter, "The Seven Sins of Memory: Insights from Psychology and Cognitive Neuroscience," *American Psychologist* 54 (3) (1999): 182.
12. I. Begg, V. Armour, and T. Kerr, "On Believing What We

Journal of Personality and Social Psychology 96 (5) (2009): 1029.

18. J. Baron and M. Spranca, "Protected Values," *Organizational Behavior and Human Decision Processes* 70 (1) (1997): 1–16; and A. P. McGraw and P. E. Tetlock, "Taboo Trade-Offs, Relational Framing, and the Acceptability of Exchanges," *Journal of Consumer Psychology* 15 (1) (2005): 2–15.
19. *Haaretz*, https://www.haaretz.co.il/gallery/gallery friday/2022-06-09/ty-article-magazine/.highlight/00000181-3e90-d207-a795-7ef0418c0000.
20. Bernard Williams, *Moral Luck: Philosophical Papers, 1973–1980* (Cambridge: Cambridge University Press, 1981), 18.
21. Sharot, Garrett, and Lazzaro, unpublished article.

第7章

1. Adolf Hitler, *Mein Kampf: Zwei Bande in einem Band* (Berlin: Franz Eher Nachfolger, 1943).
2. L. Hasher, D. Goldstein, and T. Toppino, "Frequency and the Conference of Referential Validity," *Journal of Verbal Learning and Verbal Behavior* 16(1) (1977): 107–12.
3. 出處同上。
4. A. Hassan and S. J. Barber, "The Effects of Repetition Frequency on the Illusory Truth Effect," *Cognitive Research:*

Nebraska, 1964), 221–75.
8. Tali Sharot and Neil Garrett, "Trump's Lying Seems to Be Getting Worse. Psychology Suggests There's a Reason Why," MSNBC, May 23, 2018.
9. K. A. Janezic and A. Gallego, "Eliciting Preferences for Truth-Telling in a Survey of Politicians," *Proceedings of the National Academy of Sciences of the USA* 117 (36) (2020): 22002–8.
10. Jennifer Graham, "Americans Are Increasingly Comfortable with Many White Lies, New Poll Reveals," *Deseret News*, March 28, 2018.
11. Welsh et al., "The Slippery Slope."
12. Clair Weaver, "Belle Gibson: The Girl Who Conned Us All," *Australian Women's Weekly*, June 25, 2015.
13. Melissa Davey, " 'None of It's True': Wellness Blogger Belle Gibson Admits She Never Had Cancer," *Guardian*, April 22, 2015.
14. We note that there is strong evidence suggesting that some behavioral scientists who work on dishonesty have also fabricated data.
15. Kirchner, *The Bernard Madoff Investment Scam*.
16. 出處同上。
17. J. Graham, J. Haidt, and B. A. Nosek, "Liberals and Conservatives Rely on Different Sets of Moral Foundations,"

(Upper Saddle River, NJ: FT Press, 2010).

2. Tali Sharot, "The Danger of Small Lies," Thrive Global, 2022, https://community.thriveglobal.com/the-danger-of-small-lies/.
3. N. Garrett et al., "The Brain Adapts to Dishonesty," *Nature Neuroscience*19 (12) (2016): 1727–32.
4. D. T. Welsh et al., "The Slippery Slope: How Small Ethical Transgressions Pave the Way for Larger Future Transgressions," *Journal of Applied Psychology*, 100 (1) (2015): 114.
5. H. C. Breiter et al., "Response and Habituation of the Human Amygdala during Visual Processing of Facial Expression," *Neuron* 17 (1996):875–87; A. Ishai et al., "Repetition Suppression of Faces Is Modulated by Emotion," *Proceedings of the National Academy of Sciences of the USA* 101 (2004): 9827–32; and B. T. Denny et al., "Insula-Amygdala Functional Connectivity Is Correlated with Habituation to Repeated Negative Images," *Social Cognitive and Affective Neuroscience* 9 (2014):1660–67.
6. P. Dalton, "Olfaction," in *Steven's Handbook of Experimental Psychology: Sensation and Perception*, ed. H. Pashler and S. Yantis (Hoboken, NJ: John Wiley & Sons, 2002), 691–746.
7. S. Schachter and B. Latane, "Crime, Cognition, and the Autonomic Nervous System," in *Nebraska Symposium on Motivation 12*, ed. D. Levine (Lincoln: University of

10. 出處同上。
11. 出處同上。
12. 出處同上。
13. S. H. Carson, J. B. Peterson, and D. M. Higgins, "Decreased Latent Inhibition Is Associated with Increased Creative Achievement in High-Functioning Individuals," *Journal of Personality and Social Psychology* 85(3) (2003): 499.
14. 出處同上。
15. C. Martindale et al., "Creativity, Oversensitivity, and Rate of Habituation," *Personality and Individual Differences* 20 (4) (1996): 423–27.
16. Carson, Peterson, and Higgins, "Decreased Latent Inhibition Is Associated with Increased Creative Achievement in High - Functioning Individuals."
17. Welch, *The Wizard of Foz.*
18. Richard H. Thaler, convocation address, University of Chicago Graduate School of Business, June 15, 2003.
19. Wikipedia, s.v. "Richard Douglas Fosbury."
20. 出處同上。
21. Welch, *The Wizard of Foz.*

第6章

1. Bonnie Kirchner, *The Bernard Madoff Investment Scam*

2. T. Goldman, "High Jumper Dick Fosbury, Who Revolutionized the Sport, with His 'Flop,' Dies at 76," NPR, 2023.
3. Wikipedia, s.v. "Richard Douglas Fosbury."
4. Welch, *The Wizard of Foz: Dick Fosbury's One-Man High-Jump Revolution* (New York: Simon & Schuster, 2018). We quote from this book at various points below; we spare the reader footnotes for every occasion.
5. 出處同上。
6. Tower, "Trial and Error: How Dick Fosbury Revolutionized the High Jump," Globalsportsmatters.com, 2018; and "How One Man Changed the High Jump Forever," Olympics, 2018, https://www.youtube.com/watch?v=CZsH46Ek2ao.
7. W. W. Maddux and A. D. Galinsky, "Cultural Borders and Mental Barriers: The Relationship between Living Abroad and Creativity," *Journal of Personality and Social Psychology* 96 (5) (2009): 1047.
8. E. Frith et al., "Systematic Review of the Proposed Associations between Physical Exercise and Creative Thinking," *Europe's Journal of Psychology* 15 (4) (2019): 858.
9. K. J. Main et al., "Change It Up: Inactivity and Repetitive Activity Reduce Creative Thinking," *Journal of Creative Behavior* 54 (2) (2020): 395–406.

11. Upasana Bhat and Tae-jun Kang, "Empress Masako: The Japanese Princess Who Struggles with Royal Life," BBC, 2019.
12. "Adjustment Disorders," Mayo Clinic, 2019, https://www.mayoclinic.org/diseases-conditions/adjustment-disorders/symptoms-causes/syc-20355224.
13. A. Ishai, "Repetition Suppression of Faces Is Modulated by Emotion," *Proceedings of the National Academy of Sciences of the USA* 101 (2004): 9827–32.
14. L. E. Williams et al., "Reduced Habituation in Patients with Schizophrenia," *Schizophrenia Research* 151 (1–3) (2013): 124–32.
15. G. N. Andrade et al., "Atypical Visual and Somatosensory Adaptation in Schizophrenia-Spectrum Disorders," *Translational Psychiatry* 6 (5) (2016): e804.
16. Wikipedia, s.v. "Ornithophobia."
17. J. S. Abramowitz, B. J. Deacon, and S. P. Whiteside, *Exposure Therapy for Anxiety: Principles and Practice* (New York: Guilford, 2019).

第5章

1. C. W. Pollard, *The Soul of the Firm* (Grand Rapids: HarperCollins, 1996), 116.

Reward Prediction Error" (in prep).

3. S. Nolen-Hoeksema, B. E. Wisco, and S. Lyubomirsky, "Rethinking Rumination," *Perspectives on Psychological Science* 3 (5) (2008): 400–424.
4. L. K. Globig, B. Blain, and T. Sharot, "When Private Optimism Meets Public Despair: Dissociable Effects on Behavior and Well-Being," *Journal of Risk & Uncertainty* 64 (2022): 1–22.
5. Lara Aknin, Jamil Zaki, and Elizabeth Dunn, "The Pandemic Did Not Affect Mental Health the Way You Think," *Atlantic*, 2021.
6. D. Fancourt et al., "COVID-19 Social Study," *Results Release* 10 (2021): 25.
7. 出處同上。
8. R. E. Lucas, A. E. Clark, Y. Georgellis, and E. Diener, "Reexamining Adaptation and the Set Point Model of Happiness: Reactions to Changes in Marital Status," *Journal of Personality and Social Psychology* 84 (3) (2003): 527.
9. K. S. Kendler et al., "A Swedish National Twin Study of Lifetime Major Depression," *American Journal of Psychiatry* 163 (1) (2006): 109–14.
10. D. Cannizzaro, "Return to Normalcy Causing Post-Pandemic Anxiety," Wilx.com, 2021, https://www.wilx.com/2021/06/02/return-to-normalcy-causing-post-pandemic-anxiety/.

Chicago Law Review 56 (1989): 1175.

17. Allcott et al., "The Welfare Effects of Social Media," 655.
18. 出處同上。
19. Arthur Krieger, "Rethinking Addiction," *Blog of the APA*, April 21, 2022, https://blog.apaonline.org/2022/04/21/rethinking-addiction/; for the original, see Benjamin Rush, *Medical Inquiries and Observations Upon the Diseases of the Mind* (New York: Hafner, 1810), 266.
20. H. Allcott, M. Gentzkow, and L. Song, "Digital Addiction," *American Economic Review* 112 (7) (2022): 2424–63.
21. 出處同上。
22. C. Kelly and T. Sharot, "Knowledge-Seeking Reflects and Shapes Mental Health," PsyArXiv, 2023.
23. Chowdhury, "14 Remarkable Ways My Life Changed When I Quit Social Media."

第4章

1. Attributed to Michael Rutter 1985, https://medium.com/explore-the-limits/resilience-is-our-ability-to-bounce-back-from-lifes-challenges-and-unforeseen-difficulties-3e99485535a.
2. A. S. Heller, N. I. Kraus, and W. J. Villano, "Depression Is Associated with Blunted Affective Responses to Naturalistic

5. R. Zalani, "Screen Time Statistics (2022): Your Smartphone Is Hurting You," Elite Content Marketer.
6. D. Ruby, "Social Media Users—How Many People Use Social Media in 2023," Demand Sage, 2023, https://www.demandsage.com/social-media-users/.
7. Allcott et al., "The Welfare Effects of Social Media."
8. L. Braghieri, R. E. Levy, and A. Makarin, "Social Media and Mental Health," *American Economic Review* 112 (11) (2022): 3660–93.
9. 出處同上。
10. Allcott et al., "The Welfare Effects of Social Media."
11. S. Frederick and G. Loewenstein, "Hedonic Adaptation," in *Well-Being: The Foundations of Hedonic Psychology*, ed. Daniel Kahneman, Edward Diener, and Norbert Schwarz (New York: Russell Sage, 1999), 302–29.
12. 出處同上。
13. L. H. Bukstel and P. R. Kilmann, "Psychological Effects of Imprisonment on Confined Individuals," *Psychological Bulletin* 88 (2) (1980): 469.
14. Frederick and Loewenstein, "Hedonic Adaptation."
15. T. Wadsworth, "Sex and the Pursuit of Happiness: How Other People's Sex Lives Are Related to Our Sense of Well-Being," *Social Indicators Research* 116 (2014): 115–35.
16. A. Scalia, "The Rule of Law as a Law of Rules," *University of*

13. 出處同上。
14. 出處同上。
15. 出處同上。
16. 出處同上。
17. 出處同上。
18. "New Study Finds What Triggers the 'Holiday Feeling,'" *Travel Bulletin*, 2019, https://www.travelbulletin.co.uk/news-mainmenu/new-study-finds-what-triggers-the-holiday-feeling.
19. 出處同上。

第3章

1. Tim Harford, "Your Phone's Notification Settings and the Meaning of Life," *Forbes*, 2022.
2. Sam Holstein, "10 Great Ways Quitting Social Media Changed My Life for the Better," https://samholstein.com/10-great-ways-quitting-social-me dia-changed-my-life-for-the-better/.
3. Shovan Chowdhury, "14 Remarkable Ways My Life Changed When I Quit Social Media," Inc.com, September 21, 2017, https://www.inc.com/quora/14-remarkable-ways-my-life-changed-when-i-quit-soc.html.
4. H. Allcott et al., "The Welfare Effects of Social Media," *American Economic Review* 110 (3) (2020): 629–76.

2. Adam Vaccaro, "Why Employees Quit Jobs Right After They've Started," Inc.com, April 17, 2014.
3. E. Diener, R. E. Lucas, and S. Oishi, "Subjective Well-Being: The Science of Happiness and Life Satisfaction," *Handbook of Positive Psychology* 2 (2002): 63–73.
4. E. L. Deci and R. M. Ryan, "Hedonia, Eudaimonia, and Well-Being: An Introduction," *Journal of Happiness Studies* 9 (1) (2008): 1–11.
5. E. O'Brien and S. Kassirer, "People Are Slow to Adapt to the Warm Glow of Giving," *Psychological Science* 30 (2) (2019): 193–204.
6. 出處同上。
7. S. Oishi and E. C. Westgate, "A Psychologically Rich Life: Beyond Happiness and Meaning," *Psychological Review* 129 (4) (2022): 790.
8. 出處同上。
9. S. D. Levitt, "Heads or Tails: The Impact of a Coin Toss on Major Life Decisions and Subsequent Happiness," *Review of Economic Studies* 88 (1) (2021): 378–405.
10. 出處同上。
11. 出處同上。
12. L. D. Nelson and T. Meyvis, "Interrupted Consumption: Disrupting Ad aptation to Hedonic Experiences," *Journal of Marketing Research* 45 (6) (2008): 654–64.

25. 出處同上。
26. T. K. Shackelford et al., "Absence Makes the Adaptations Grow Fonder: Proportion of Time Apart from Partner, Male Sexual Psychology, and Sperm Competition in Humans (*Homo sapiens*)," *Journal of Comparative Psychology* 121 (2) (2007): 214.
27. S. Frederick and G. Loewenstein, "Hedonic Adaptation," in *Well-Being: The Foundations of Hedonic Psychology*, ed. Daniel Kahneman, Edward Diener, and Norbert Schwarz (New York: Russell Sage, 1999), 302–29.
28. D. M. Lydon-Staley et al., "Hunters, Busybodies and the Knowledge Network Building Associated with Deprivation Curiosity," *Nature Human Behaviour* 5 (3) (2021): 327–36.
29. Chris Weller, "6 Novels Bill Gates Thinks Everyone Should Read," *Business Insider*, 2017.
30. Tom Popomaronis, "Here's a Full List of Every Book Warren Buffett Has Recommended This Decade—in His Annual Letters," CNBC, 2019.

第2章

1. James Sudakow, "This Is Why Good Employees Resign within Their First Year and What You Can Do about It," Inc. com, October 18, 2017.

Seeking-and-Exploration-Geana-Wilson/20851b975b4e2cb99ed2f11cfb2067e10304661b.

14. C. Graham and J. Ruiz Pouel, "Happiness, Stress, and Age: How the U Curve Varies across People and Places," *Journal of Population Economics* 30 (1) (2017): 225–64.
15. Figure adapted from https://www.brookings.edu/articles/happiness-stress-and-age-how-the-u-curve-varies-across-people-and-places/.
16. Graham and Ruiz Pouel, "Happiness, Stress, and Age."
17. National Institute of Mental Health, https://www.nimh.nih.gov/health/statistics/suicide.
18. T. Gilovich, A. Kumar, and L. Jampol, "A Wonderful Life: Experiential Consumption and the Pursuit of Happiness," *Journal of Consumer Psychology* 25 (1) (2015): 152–65.
19. 出處同上。
20. *The Works of Samuel Johnson*, LL.D., Volume 1 (New York: George Dearborn, 1837), 412.
21. 出處同上。
22. Wilde, *The Importance of Being Earnest*, 6–7.
23. Esther Perel, *Mating in Captivity: Unlocking Erotic Intelligence* (New York: Harper, 2007), 272. We quote from this book at various points below; we spare the reader footnotes for every occasion.
24. 出處同上。

Human Satisfaction (Oxford: Oxford University Press on Demand, 1992), 71.

6. L. H. Epstein et al., "Long-Term Habituation to Food in Obese and Nonobese Women," *American Journal of Clinical Nutrition* 94 (2) (2011): 371–76.
7. R. B. Zajonc, "Feeling and Thinking: Preferences Need No Inference," *American Psychologist* 35 (February 1980): 151–71.
8. L. D. Nelson and T. Meyvis, "Interrupted Consumption: Disrupting Adaptation to Hedonic Experiences," *Journal of Marketing Research* 45 (6) (2008): 654–64.
9. Laurie Santos, "My Life Is Awesome, So Why Can't I Enjoy It?," Aspen Ideas, https://www.aspenideas.org/sessions/my-life-is-awesome-so-why-cant-i-enjoy-it.
10. O. Itkes et al., "Dissociating Affective and Semantic Valence," *Journal of Experimental Psychology: General* 146 (7) (2017): 924.
11. B. Blain and R. B. Rutledge, "Momentary Subjective Well-Being Depends on Learning and Not Reward," *eLife*, November 17, 2020, 9.
12. Oscar Wilde, *The Importance of Being Earnest* (1898), 20.
13. A. Geana et al., "Boredom, Information-Seeking and Exploration," Semantic Scholar, 2016, 6, https://www.semanticscholar.org/paper/Boredom％2C-Information-

R110–R116.
13. A. S. Bristol and T. J. Carew, "Differential Role of Inhibition in Habituation of Two Independent Afferent Pathways to a Common Motor Output," *Learning & Memory* 12 (1) (2005): 52–60.
14. E. N. Sokolov, "Higher Nervous Functions: The Orienting Reflex," *Annual Review of Physiology* 25 (1) (1963): 545–80.
15. A. Ishai et al., "Repetition Suppression of Faces Is Modulated by Emotion," *Proceedings of the National Academy of Sciences of the USA* 101 (2004): 9827–32.

第1章

1. David Marchese, "Julia Roberts Hasn't Changed. But Hollywood Has,"*New York Times*, April 18, 2022, https://www.nytimes.com/interactive/2022/04/18/magazine/julia-roberts-interview.html.
2. 出處同上。
3. 出處同上。
4. R. E. Lucas et al., "Reexamining Adaptation and the Set Point Model of Happiness: Reactions to Changes in Marital Status," *Journal of Personality and Social Psychology* 84 (3) (2003): 527.
5. Tibor Scitovsky, *The Joyless Economy: The Psychology of*

American Economic Review 110 (3) (2020): 629–76.

7. B. Cavalazzi et al., "Cellular Remains in a ~3.42-Billion-Year-Old Subseafloor Hydrothermal Environment," *Science Advances* 7 (9) (2021); and Matthew S. Dodd et al., "Evidence for Early Life in Earth's Oldest Hydrothermal Vent Precipitates," *Nature* 543 (7643) (2017): 60–64.
8. B. T. Juang et al., "Endogenous Nuclear RNAi Mediates Behavioral Adaptation to Odor," *Cell* 154 (5) (2013): 1010–22; and D. L. Noelle et al.,"The Cyclic GMP-Dependent Protein Kinase EGL-4 Regulates Olfactory Adaptation in *C. elegans*," *Neuron* 36 (6) (2002): 1079–89.
9. Carl Zimmer, "How Many Cells Are in Your Body?," *National Geographic*, October 23, 2013, https://www.nationalgeographic.com/science/article/how-many-cells-are-in-your-body#:~:text=37.2% 20trillion% 20cells.,magnitude% 20except% 20in% 20the% 20movies.
10. Eric R. Kandel et al., eds., *Principles of Neural Science*, 5th ed. (New York: McGraw-Hill, 2013); and W. G. Regehr, "Short-Term Presynaptic Plasticity," *Cold Spring Harbor Perspectives in Biology* 4 (7) (2012): a005702.
11. I. P. V. Troxler, "On the Disappearance of Given Objects from Our Visual Field," ed. K. Himly and J. A. Schmidt, *Ophthalmologische Bibliothek* 2 (2) (1804): 1–53.
12. J. Benda, "Neural Adaptation," *Current Biology* 31 (3) (2021):

注釋

緒論

1. Vincent Gaston Dethier, *The Hungry Fly: A Physiological Study of the Behavior Associated with Feeding* (Cambridge, MA: Harvard University Press, 1976), 411. A note on style: We offer a large number of notes and references here, often with page references; where the specific point or quotation is straightforward to find, we follow convention and refer to the source more broadly.
2. M. Ramaswami, "Network Plasticity in Adaptive Filtering and Behavioral Habituation," *Neuron* 82 (6) (June 18, 2014): 1216–29.
3. "New Study Finds What Triggers the 'Holiday Feeling,' " *Travel Bulletin*, 2019, https://www.travelbulletin.co.uk/news-mainmenu/new-study-finds-what-triggers-the-holiday-feeling.
4. Wikipedia, s.v. "Dagen H."
5. A. Dembosky, "Can Virtual Reality Be Used to Combat Racial Bias in Health Care?," KQED, April 2021, https://www.kqed.org/news/11898973/can-virtual-reality-help-combat-racial-bias-in-health-care VR reduces bias.
6. H. Allcott et al., "The Welfare Effects of Social Media,"

作者與譯者簡介

■ 作者

凱斯・桑思坦 Cass R. Sunstein

哈佛大學法學院羅伯特沃姆斯利教授（Robert Walmsley University Professor），創辦行爲經濟學與公共政策所，並擔任所長。二〇〇九到二〇一二年任職於歐巴馬政府的白宮資訊與法規事務辦公室，二〇二〇到二〇二一年擔任世界衛生組織的行爲洞察與健康技術諮詢組主席，二〇二一年加入拜登政府，擔任國土安全部的資深顧問與法規政策官員。曾在國會委員會作證，參與多國的憲法制訂與法律改革，著有許多文章與書籍，包括《淤泥效應》、《資訊超載的幸福與詛咒》、與丹尼爾・康納曼（Daniel Kahneman）及奧利維・席波尼（Olivier Sibony）合著的《雜訊》、與理查・塞勒（Richard H. Thaler）

合著的《推力》。二〇一八年獲頒霍爾堡獎（Holberg Prize），該獎每年表揚在藝術、人文、社會科學、法律、神學等領域有傑出貢獻的學者。

塔莉．沙羅特 Tali Sharot

麻省理工學院（MIT）和倫敦大學學院（University College London）的認知神經科學教授。她是情感大腦實驗室（Affective Brain Lab）的創始人和主任，曾爲《紐約時報》、《時代雜誌》、《華盛頓郵報》等媒體撰寫文章，並擔任諸多全球企業和政府項目的顧問。她的工作獲得威康信託基金（Wellcome Trust）、美國心理學會、英國心理學會等機構頒發的獎金和獎項，TED演講觀看人次超過一千萬，著有《正面思考的假象》等書。

■ 譯者

莊安祺

臺大外文系畢，印地安那大學英美文學碩士。譯作包括《動盪》、《年輕人爲何憤怒》、《她們的創作日常》、《感官之旅》、《Deep Play心靈深戲》、《園長夫人》、《艾克曼的花園》、《氣味、記憶與愛欲》、《愛之旅》、《豐盛》等。

next 323

我們為什麼對好事麻木、對壞事容忍？——習慣化如何左右人生

作　者—塔莉．沙羅特 Tali Sharot、凱斯．桑思坦 Cass R. Sunstein
譯　者—莊安祺
副總編輯—陳家仁
協力編輯—聞若婷、巫立文
企　劃—洪晟庭
封面設計—日央設計
內頁排版—李宜芝
總 編 輯—胡金倫
董 事 長—趙政岷
出 版 者—時報文化出版企業股份有限公司
108019 台北市和平西路三段 240 號 4 樓
發行專線—（02）2306-6842
讀者服務專線—0800-231-705（02）2304-7103
讀者服務傳真—（02）2302-7844
郵撥—19344724 時報文化出版公司
信箱—10899 臺北華江橋郵政第 99 信箱
時報悅讀網—http://www.readingtimes.com.tw
法律顧問—理律法律事務所 陳長文律師、李念祖律師
印　刷—勁達印刷有限公司
初版一刷—二〇二四年七月五日
初版二刷—二〇二四年九月十一日
定　價—新台幣四五〇元
（缺頁或破損的書，請寄回更換）

時報文化出版公司成立於一九七五年，
並於一九九九年股票上櫃公開發行，於二〇〇八年脫離中時集團非屬旺中，
以「尊重智慧與創意的文化事業」為信念。

我們為什麼對好事麻木、對壞事容忍？: 習慣化如何左右人生 / 塔莉 . 沙羅特 (Tali Sharot), 凱斯 . 桑思坦 (Cass R. Sunstein) 著 ; 莊安祺譯 . -- 初版 . -- 臺北市 : 時報文化出版企業股份有限公司 , 2024.07
320 面 ;14.8x21 公分 . -- (next ; 323)
譯自 : Look again : the power of noticing what was always there.
ISBN 978-626-396-386-3(平裝)

1.CST: 習慣心理學 2.CST: 行為科學

176.74　　113007745

ISBN 978-626-396-386-3
Printed in Taiwan